尋找失落的古國

甲骨文下兒、兒方及其衍變

趙平安 著

上海古籍出版社

本書爲
清華大學自主科研計劃課題（2024THZWJ23）和
國家社科基金重大委託項目課題“清華大學藏甲骨的綜合整理與研究”
（16@ZH017A4）的階段性成果。

《合集》**6413**（《北大藏甲骨》809）

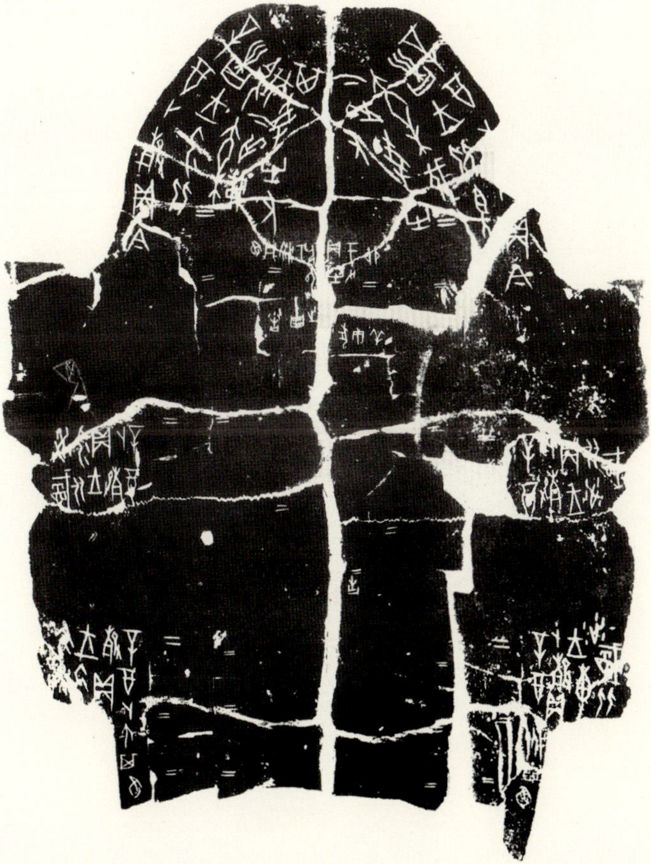

《合集》6483正（《丙编》14）

《合集》6487

《合集》6503 （《拾綴二編》464）

《合集》6505 正 （《旅藏》557 正）

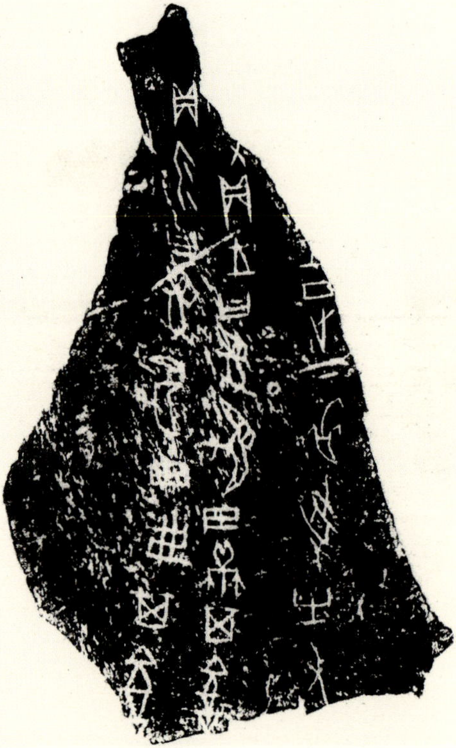

《合集》6528

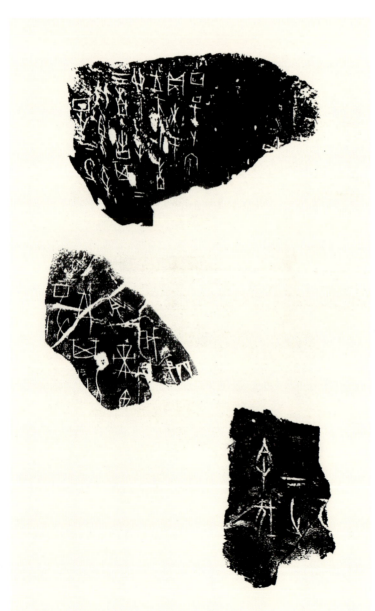

《合集》6527 正

《合集》14220

《輯佚》附 21

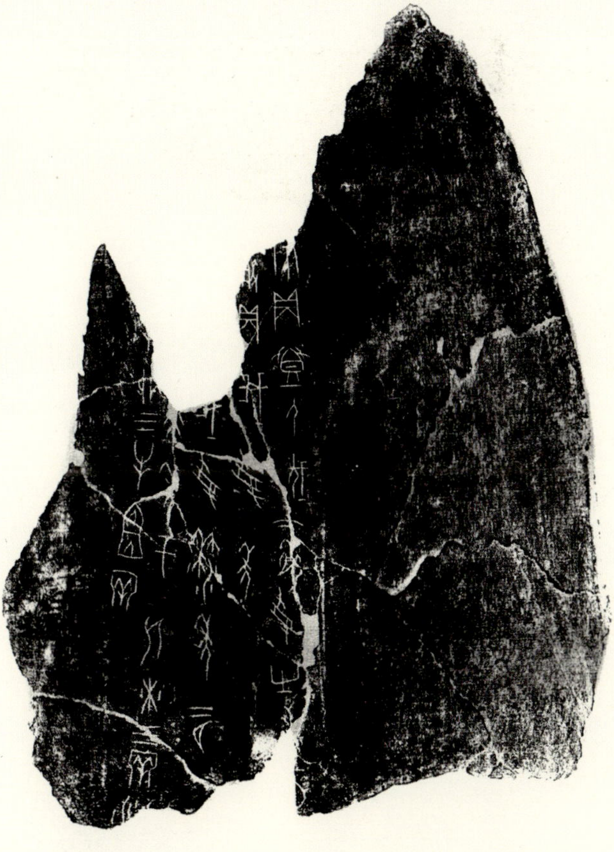

《合集》10094正

《合集》8501 反

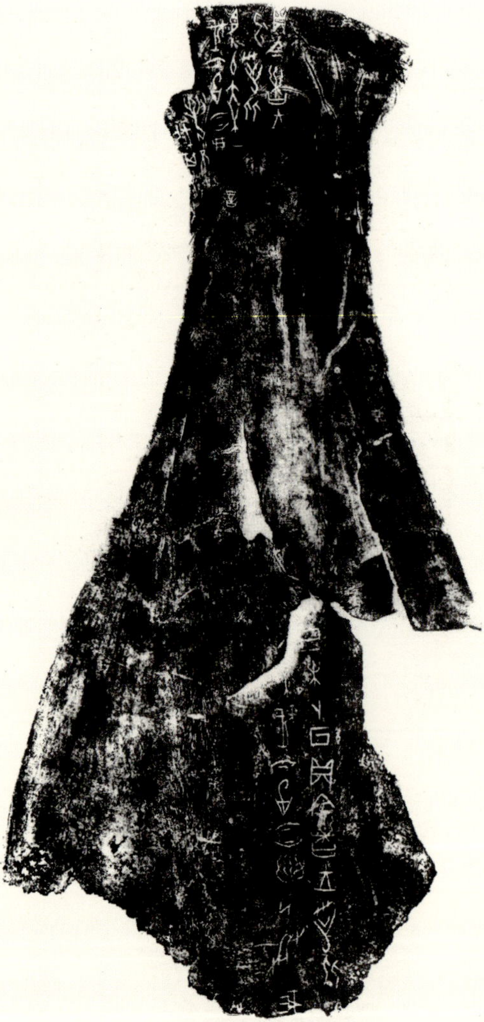

《英》587

《屯》3289

《合集》28088（《甲編》1269）

《合集》24395

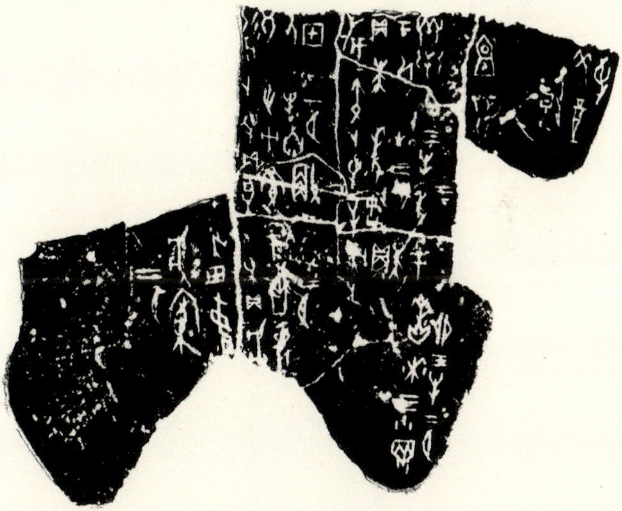

《合集》10084

《英》2562 正

《綴三》**718 反**（《綴彙》882 反）　《合集》**32899**　《合集》**36825**（《簠室殷契徵文考釋》37）

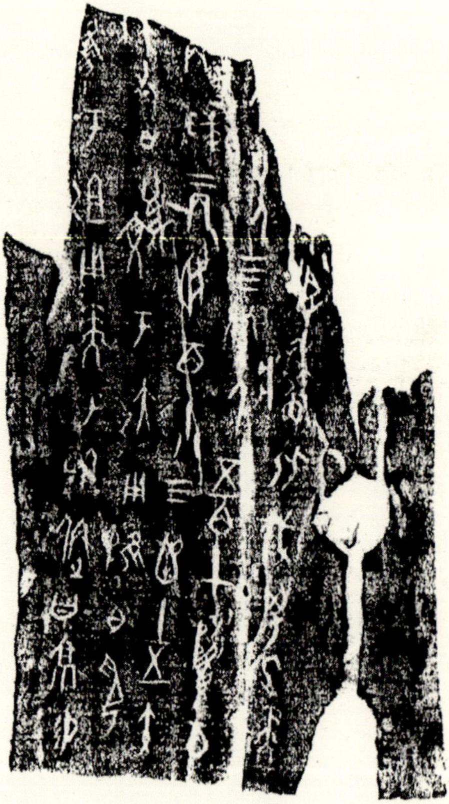

《合集》36481正

師酉簋　（《集成》4288）

師酉簋 (《集成》4289)

師西簋 （《集成》4290，此器缺蓋）

師西簋 （《集成》4291）

師酉盤 (《銘圖》30951)

询簋 （《铭图》5378）

1260

1500

1501

1543

1866

1867

1868

1869

1870

1871

1872

1873

1874　　　　　　　　　　1875

1876　　　　　　　　　　1877

1878　　　　　　　　　　1879

《秦漢南北朝官印徵存》

1880

1881

1882

1883

目　　録

第一章

甲骨文中所謂危與下危

甲骨文中還有三分之二以上的字未能釋出。這些字多數是人名、地名、國族名,而人名、地名、國族名又往往是三位一體的,雖是名詞卻内涵豐富。由於這些名詞本身提供的抓手太少,又不太影響卜辭的通讀,因而這一部分字的釋讀缺乏强勁的動力,進展極其緩慢。以至於有學者感歎,甲骨文識字已經不是當務之急,當務之急應是梳理字詞關係,詳細探究每個字的語言環境,系統梳理每個字的用法。這當然是可以理解的很無奈的做法。實際上無論梳理字詞關係,還是探究每個字的語言環境、梳理每個字的用法,對於未釋字來説,都只是識字的前提條件,最終還是繞不開識字。事實上,不識字也很難釐清字詞關係,很難釐清字的用法。因此如何整合已有資源,更新研究手段,檢討舊説,推進研究,仍是今後甲骨文研究中長期而艱巨的任務,也是殷商史研究中長期而艱巨的任務。這裏,我想結合一個内涵深沉、積澱豐厚的個例,來實踐如何追尋古國的蹤迹。

大家知道,甲骨文中有一個方國,叫"下危",很有名,已收入鄭天挺、吳澤、楊志玖主編的《中國歷史大辭典》(戰國時期以前由李學勤主編,孟世凱、裘錫圭副主編):

下危　商代方國(見殷墟甲骨文)。武丁時曾與興

方及將領望乘等加以征伐。①

　　下危的危在卜辭中出現頻率很高,異體也不少,如果不計正反(朝向),大致可以歸納爲以下幾種:

　　a. (《合集》8496,賓一)

　　b. (《合集》6486 正,典賓)、(《合集》32026,歷二)、(《英》587,典賓)、(《合集》8492,賓一)

　　c. (《合集》6486 正,典賓)、(《合集》6530 正,賓一)、(《合集》811 正,典賓)、(《合集》6504,典賓)

　　d. (《合集》6530 正,賓一)、(《合集》32897,歷二)

　　e. (《合集》36961,黃類)、(《合集》32899,歷二)、(《合集》27999,無名)

　　f. (《合集》8494,賓一)、(《合集》8500,典賓)、(《合集》32 正,典賓)、(《合集》10094 正,典賓)、(《合集》4197 反,典賓)

a 應是較早的寫法,b、c 是它的簡體。b 省掉了兩側下垂的短筆。這類省簡和其作 (《屯》4048,歷二)、(《屯》4394,歷二),又作 (《合集》32485,歷草)、(《合集》22067,午類);方作 (《合集》20624,師肥),又作 (《合集》20608,師小);帝作 (《合集》33230,歷二),又作 (《合集》32190,歷二);盡作 (《合集》3519,典賓),又作 (《合集》3521 正,典賓)相似。c 是

① 中國歷史大辭典編纂委員會編纂,鄭天挺、吳澤、楊志玖主編:《中國歷史大辭典》上卷,上海辭書出版社,2000 年,第 102 頁。

省掉中間的橫筆。這類省簡和史作□（《合集》27475，無名），又作□（《合補》8972，無名）；各作□（《英》2262，無名），又作□（《合集》2083，典賓）；祝作□（《合集》32689，無名），又作□（《合集》32654，無名）相似。d 是它的變體，是在□的基礎上，把中間橫筆變成折筆。這類變化與兇作□（《合集》34265，無名），又作□（《合集》30444，無名）；邑作□（《合集》22450，歷草）、□（《屯》2378，歷二），又作□（《屯》4054，歷二）、□（《合集》31974，歷二）相似。f 是它的繁體，是在字中加一橫。這種現象和單作□（《合補》2813，典賓），又作□（《合集》137 正，典賓）；帝作□（《合集》21077，師小），又作□（《合集》34148，歷二）；豆作□（《合集》1652，賓出），又作□（《合集》18587，賓出）；正作□（《英》2102，出組），又作□（《東大》651，出組）相似。其中 a、b、c、d、f 是尖底，e 是圜底或平底。尖底與平底、圜底互作很常見。如品作□（《合集》20276，師小）、□（《屯》3731，歷二）、□（《合集》24400，出一），喪作□（《合集》29002，無名）、□（《合集》28979，何二），史作□（《合集》8796 正，典賓）、□（《合集》32967，歷二）、□（《合集》18231，典賓），出作□（《合集》12954 正，典賓）、□（《合集》6093 正，典賓）、□（《合集》6096 正，典賓），正作□（《合集》33093，歷二）、□（《合集》32041，歷一）、□（《合集》27429，無名），沚作□（《合集》32997，歷二）、□（《合集》20346 正，師肥）、□（《合補》2187 甲，師賓），酉作□（《合集》33025 正，歷一）、□（《合集》21407，師肥）、□（《合集》33180，師歷）、□（《合集》33102，歷一），畄作□（《史購》177，未詳）、□

（《合集》36512，黃類），窅作 （《合集》1027 正，賓一）、（《合集》6832，賓一）、（《合集》6834 正，典賓）。此字多作尖底，較少作圜底、平底，這可能和方便刻製，呼應上面的弧筆（或折筆）有關。

　　2004 年，考古工作者在殷墟大司空 M303 發現了所謂"馬危"銅器群，"馬危"出現達 40 次，分佈在絕大多數禮容器及樂器上。① 銘文多數作"馬危"，少數作"危馬"。關於這些銘文的性質，目前尚有爭議。但把這個"危"字與甲骨文"下危"的"危"字相聯繫，卻是學界一致的意見。有學者從類型學的角度，將其中危字寫法分爲兩型（表一）。

表一　危字寫法類型表（引自《殷墟大司空 M303
　　　　出土銅器群綜合研究》40 頁）②

字體＼字形	a	b	c	d	e
A					
B					

　　並分析説：

① 岳洪彬、岳占偉、何毓靈：《殷墟大司空 M303 發掘報告》，《考古學報》2008
　　年第 3 期，第 353—394 頁。
② 石慕璇：《殷墟大司空 M303 出土銅器群綜合研究》，中國社會科學院大學
　　（研究生院）碩士論文，2021 年。

　　"危"字字體可根據下半部分形態分二型,A 型爲平底或圓底近平,上筆右卷或左卷;B 型爲三角形底,短邊出一筆左卷。危字 A 型出現最多,按字形不同分爲 5 個亞型,Aa、Ab 型最爲工整,上筆較長向右卷,右下角一筆上下出頭,底部較圓潤,區別在 Ab 型整體向左傾斜。Ac 型上筆左卷,左下角一筆出頭。Ad 型上筆均較短,下部未出頭。Ae 型似受施銘空間局限(位於觶蓋靠近邊緣處)而變形。B 型根據危字書寫方向分爲兩亞型。①

這是一批製作時間接近(殷墟四期),風格相似的青銅器,其中所謂危字幾乎没有完全重樣的。危字使用頻率很高,在兩型寫法中,A 型最多。這大概説明日常書寫中,A 型應是主流的寫法。金文的鑄造,是基於毛筆的書寫,毛筆的書寫更能反映文字本來的面貌。"馬危"銅器群"危"字的寫法,對於我們探討它的構形本義是有幫助的。

　　甲骨文危字上的弧筆一般作一筆書寫,但也有作兩筆書寫的。如𝄒(《合集》8494,賓早)、𝄒(《合集》4197 反,賓早)。

　　這是我們從所謂危的各種寫法中獲得的字形信息。

　　這個字釋法很多,把它釋爲危是于省吾先生的意見。于先生先檢討了各家説法,然後説:

---

① 　石慕璇:《殷墟大司空 M303 出土銅器群綜合研究》,中國社會科學院大學(研究生院)碩士論文,2021 年,第 40 頁。

按各家所釋,均屬臆測。又古璽文 🔲字數見(《璽徵》附三二),丁佛言《説文古籀補補》入於附録,並謂"或者爲古𠂤字"。按丁説是也,但不知其字之源流,故不作肯定之詞。甲骨文 🔲字乃𠂤字的初文。𠂤字孳乳爲危,戴侗《六書故》謂𠂤即危字。《説文》𠂤作 🔲,並謂:"𠂤,仰也,從人在厂上。一曰,屋梠也,秦謂之桷,齊謂之𠂤。"按許氏據已訛之小篆分爲兩説,均誤。其實,🔲字本象敧(俗作欹)器之形。《荀子·宥坐》:"孔子觀於魯桓公之廟,有敧器焉。孔子問於守廟者曰,此爲何器? 守廟者曰,此蓋爲宥坐之器。孔子曰,吾聞宥坐之器者,虛則敧,中則正,滿則覆。孔子顧謂弟子曰,注水焉。弟子挹水而注之,中而正,滿而覆,虛而敧。"楊注:"敧器傾敧易覆之器。"①

于先生把 🔲釋爲𠂤,認爲 🔲孳乳爲危。他立論的字理基礎是古璽中的 🔲,是採用了丁佛言先生的説法。丁先生説:"《古尚書》'危'字作'𠂤',《玉篇》同,《集韻》作'𠂤',與'𠂤'極形似,或者爲古'危'字。"②于省吾先生同意這一觀點,用《古孝經》古文"危"作" 🔲"作了補充論證。③ 現在看,古璽這個字釋危可從,但與甲骨文 🔲字無關。

在丁佛言的時代,支撐古璽印 🔲爲危的,大概只有傳抄古文

---

① 于省吾:《釋𠂤》,《甲骨文字釋林》,中華書局,1979 年,第 17、18 頁。

② 丁佛言:《説文古籀補補》附録第十三葉,中華書局,1988 年,第 69 頁。

③ 于省吾:《釋𠂤》,《甲骨文文字釋林》,中華書局,1979 年,第 19 頁。

中的⿰（《古文四聲韻》1.17孝）及其變體⿰（《汗簡》1.7尚）、⿰（《汗簡》4.51尚），隨著能見到戰國文字材料的增多，可靠的危字的形體也越來越多，主要有以下寫法：

表二　危字字形表（引自《戰國文字字形表》1327—1328頁）①

燕	晉				楚	秦
缶		厒		缶	尸	
璽彙0118	貨系544	上博七凡乙2	上博一緇16	郭店六德17	曾乙E66衣箱	珍秦297
璽彙0125	先秦編169	上博七凡甲2	上博一緇16	上博六孔14		陶錄6·138·2
璽彙3335						雲夢日乙47
珍展1						關沮209
讀"尉"。						嶽麓叁131

___

① 徐在國、程燕、張振謙：《戰國文字字形表》，上海古籍出版社，2017年。

　　對"疒"字而言,新出楚簡文字最大的貢獻在於,它提供了比較確切的文例。

　　郭店簡《六德》簡 16—17:"勞其股肱之力弗敢憚也, ![危] 其死弗敢愛也。" ![危],整理者隸定作危,但没有解説。[1] 陳偉讀危爲委,認爲是表示委託、交付的意思。[2] 簡文"委其死",猶言"致死""致其死"。[3] 這樣理解很貼合上下文意。

　　上博簡六《孔子見季桓子》簡 14:"擇處 ![危] 杅(岸)。"擇處是何有祖的解釋,[4] 釋 ![危] 爲危是上博簡六整理者的意見。[5] 杅亦由何有祖釋出,[6] 陳偉讀爲岸。[7] "不味酒肉,不食五穀,擇處危岸,豈不難乎?"文意也是很順暢的。

　　清華簡二《繫年》簡 15:"世作周衛(![危])。" ![危] 字,鄔可晶、施謝捷、郭永秉等都釋爲危,讀爲衛,這一釋讀得到了多數學者的贊同。[8]

　　以上三個字都是比較明確的危字,其字形與古璽危字明顯屬於一路,只是在人形上加飾筆或者故作屈曲而已。上博簡六《孔子見季桓子》簡 14 ![危] 的寫法比較特別,對於這類字形的寫法,裘錫圭先生研究臽字時指出:" ' ![人] ' 或作 ' ![人] ',正是 ' 人 ' 的

---

① 荆門市博物館:《郭店楚墓竹簡》,文物出版社,1998 年,第 187 頁。

② 陳偉:《郭店竹書別釋》,湖北教育出版社,2002 年,第 117—120 頁。

③ 鄧少平:《六德校釋》,北京大學《儒藏》編纂與研究中心編:《郭店楚墓竹簡十二種校釋》,北京大學出版社,2023 年,第 324—325 頁。

④ 何有祖:《讀〈上博六〉劄記(三)》,武漢大學簡帛網,2007 年 7 月 13 日。

⑤ 馬承源主編:《上海博物館藏戰國楚竹書(六)》,上海古籍出版社,2007 年,第 212 頁。

⑥ 何有祖:《讀〈上博六〉劄記》,武漢大學簡帛網,2007 年 7 月 9 日。

⑦ 陳偉:《讀〈上博六〉條記之二》,武漢大學簡帛網,2007 年 7 月 10 日。

⑧ 李松儒:《清華簡〈繫年〉集釋》,中西書局,2015 年,第 89—92 頁。

本形,或作 🜨、🜨、🜨,則跟 🜨 同樣是'人'的變形。"①這些新的材料進一步證明了 🜨 確實可以釋爲卢。

在簡帛新資料的推動下,對於古璽的 🜨 字,大西克也做了進一步的研究,他認爲古璽的 🜨 應該讀爲"尉"。燕璽"地名+尉"是地方政府的尉官,三晉印"襄平右尉"與秦印"高陵右尉"等相同。"河尉"與"水衡都尉"相似,管理河渠相關的工武事,故而水官也設有軍官"尉"。"地名+(梱—苑)尉"是漢代苑裏所設尉官。"軍尉"、單字璽"尉"都是軍事官。② 目前看來,在 🜨 的各種説法中,這個説法最爲圓通,影響最大。

由上看來,把 🜨 釋爲卢確實是有依據的。問題是, 🜨 是卢字並不等於甲骨文 🜨 就是卢字。

新近有學者綜合各家説法分析説:

　　"卢",《説文》小篆作"🜨",字形是人立於"厂"(山崖)上,會高、險之意。古璽印之"卢"作"🜨",字形乃是人立於山上,"厂"與"山"作意符可以通用,與"🜨"是同字之異體。此外"卢"還有人立於石、几上的異體 🜨(《中國歷代貨幣大系》544)、🜨(上博簡一《緇

① 裘錫圭:《戰國璽印文字考釋三篇》之第一部分"一、釋'胎'及從'胎'諸字——'焰'、'窨'、'瘤'",原載《古文字研究》第十輯,又見裘錫圭:《裘錫圭學術文集》第三卷,復旦大學出版社,2012年,第273頁。
② 大西克也:《試論上博楚簡〈緇衣〉中的"🜨"字及相關字》,《第四屆國際中國古文字學研討會論文集》,香港中文大學中國語言及文學系,2003年,第331—345頁。

衣》簡 16)、▨（曾侯乙墓漆箱）。明白了戰國文字中
"产"字的構形之後，便可知道其與卜辭▨之間並沒有
形體上的聯繫，▨的下部與"山""石""厂""几"等無
涉，上部也與卜辭中常見的"人"形有別。目前看來于
先生提出的釋"▨"爲"产"的兩條證據，只有第一條尚
有可能成立。①

　　從戰國文字確認的产字看，产字都是會意字，象人立於山、
厂、石、几之上，表示危高的意思。② 其中所謂從石的寫法，也可
能是從厂寫法的增累異體。即在厂的基礎上，加兩橫或口形，或
同時加上兩橫或口形。這種追加羨符的方式，在古文字中也是
很常見的。③
　　至於危字，秦系文字從产從卩，卩表示跪坐之人。④ 楚系文
字▨從产從呈，呈是跪、坐的共同表意初文。⑤ 清華簡十三《大夫

---

① 馬超：《出土文獻釋讀與先秦史研究》，科學出版社，2019 年，第 104—105 頁。
② 關於危的構形分析，可以參看高佑仁：《上博楚簡莊、靈、平三王史料研究》，
　成功大學博士論文，2011 年，第 565—575 頁；羅驥：《"危"的古文字形體及
　造字理據演變考》，《古漢語研究》2016 年第 3 期，第 45—51 頁。
③ 趙平安：《上博藏〈緇衣〉簡字詁四篇》，《上博館藏戰國楚竹書研究》，上海
　書店出版社，2002 年；又見《新出簡帛與古文字古文獻研究》，商務印書館，
　2009 年，第 354—356 頁。趙平安：《"達"字兩系説——兼釋甲骨文所謂
　"途"和齊金文中所謂"造"字》，《中國文字》新二十七輯，藝文印書館，2001
　年；又見《新出簡帛與古文字古文獻研究》，商務印書館，2009 年，第 77—89
　頁。趙平安：《達字新證》，《中國史研究》2023 年第 4 期，第 61—72 頁。
④ 季旭昇：《説文新證》，福建人民出版社，2010 年，第 735—736 頁。
⑤ 陳劍認爲古人席地而坐，"跪""坐"無別，"跪"當是從"坐"分化出的一個
　字，"危(跪)"與"坐"是形音義都接近的字。陳劍：《上博竹書〈昭王與龔之
　脽〉和〈柬大王泊旱〉讀後記》，武漢大學簡帛網，2005 年 2 月 15 日。

食禮》簡 27、31"坒"字作"坒""坒",用爲跪。① 龔橙認爲"危"乃"跪"之初文,②我們認爲是很正確的意見。坒應是跪的異體。三晉璽印中的坒,田煒釋爲坒,是跪的初文(也許叫異體最好),③也是很正確的。坒是坒之類寫法進一步演變的結果。但他分析爲從卩,厃聲,則不可從。厃的本義爲危高,危的本義爲跪。古代有成語"正襟危坐"(《史記·日者列傳》),危用爲厃,説明厃和跪意義上有一定聯繫。這樣看來,危應分析爲從卩從厃、厃亦聲,可能是個聲兼義字。坒的分析還關乎對呈的理解,如果把呈看作坐的初文,可分析爲從呈、從厃,厃亦聲。如果把呈看作跪的初文,可分析爲從呈、從厃,呈、厃亦聲。危用爲厃應屬於假借。

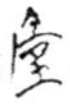

可見,璽印文字中的坒,字下本是從山的。而甲骨文所謂厃的各種寫法,字的下半部分與山字形差別極大,絕對不可能是從山的。因此馬超指出"其與卜辭之間並没有形體上的聯繫",④是很正確的。

《合集》20980 正  《合集》1363  《合集》5831  《合集》30393

圖一 甲骨文的山字

---

① 清華大學出土文獻研究與保護中心編,黃德寬主編:《清華大學藏戰國竹簡(拾叁)》,中西書局,2023 年,圖版第 36、38 頁,釋文注釋第 114 頁。
② 古文字詁林編纂委員會編纂:《古文字詁林》第 8 册,上海教育出版社,2004年,第 319 頁。
③ 田煒:《古璽字詞叢考(十篇)》,《古文字研究》第二十六輯,中華書局,2006年,第 386—387 頁。
④ 馬超:《出土文獻釋讀與先秦史研究》,科學出版社,2019 年,第 105 頁。

于省吾先生立論的事理依據是"猷器"。馬超認爲,于先生提出的兩條證據,只有這條有可能是正確的。其實在我們看來,這條也是有問題的。因爲"猷器"並不是它的專名。"猷器"的"器"是個通名。這類用法,金文很多:

　　　　聾鼎:聾作寶器。(西周中期,《集成》1974)

　　　　燮簋:用作宮仲念器。(西周中期,《集成》4046)

　　　　齊侯子仲姜鬲:齊侯子仲姜媵罍。(春秋晚期,《銘續》260)

　　　　黄君孟鼎:黄君孟自作行器。(春秋中期,《新收》90)

　　　　趙孟庎壺:以爲祠器。(春秋晚期,《集成》9678)

　　　　十四年陳侯午敦:作皇妣孝大妃祭器鋚敦。(戰國中期,《集成》4646)

鼎、簋、罍(鬲)、壺、敦等都可以叫器。器前面是修飾詞。念(通飪)①、行、祠表示器的功用,寶形容器的尊貴,鋚表示器的特徵。徐中舒先生舉了不少"古敦或從敦之字爲器名者",指出"敦有坳坎、窊下之意","此器合兩半圜器而成,半圜器正象坳坎、窊下之形"。②"猷器"和"寶器""念器""媵器""行器""祠器"一樣,都

————————

① 趙平安:《釋"冞"》,《考古》1992年第10期,第936、953頁。

② 徐中舒:《陳侯四器考釋》,《國立中央研究院歷史語言研究所集刊》第三本第四分,1933年;又見《徐中舒歷史論文選輯》(上),中華書局,1998年,第405—446頁。

是偏正結構(或者叫定中結構)。

"欹器"的另一種稱法叫"侑卮":

此説首見於戰國時哲學家文子所著的《文子》一書。《九守·守弱》篇云:"故三皇五帝有戒之器,命曰侑卮,其沖即正,其盈即覆。"而此一段論述來自對孔子的傳説,見於《孔子家語》,文字有出入。《孔子家語》中没有稱這種器物爲"侑卮",而僅稱作"欹器",這種器物的特點是:在注水後,"虚則欹,中則正,滿則覆"。《文子》改爲"其沖(釋爲"虚")即正,其盈即覆"。前者表達的是儒家執中思想,後者表達的則是道家"虚"的思想。《荀子》《韓詩外傳》《淮南子》《説苑》對這段文字都有記載,文字有異。這種欹器在漢代大概還有。此外,《續資治通鑑長編》也有宋代關於"欹器"的記載。①

"侑卮"的"侑"是修飾詞,和"宥坐"的"宥"一樣,通"右",因置於座位右邊而得名。欹器的專名,稱爲"卮"。卮也見於其他戰國文獻:

《戰國策·齊策二》:"楚有祠者,賜其舍人卮酒,舍人相謂曰:'數人飲之不足,一人飲之有餘。請畫地爲蛇,先成者飲酒。'

① 魏崇周:《對"卮"的歧解與對"卮言"的誤讀》,《河南社會科學》2008 年第 6 期,第 129—131 頁。

一人蛇先成，引酒且飲之。乃左手持卮，右手畫蛇，曰：‘吾能爲之足。’未成，一人之蛇成，奪其卮曰：‘蛇固無足，子安能爲之足？’遂飲其酒。爲蛇足者，終亡其酒。”《韓非子·外儲說右上》：“堂谿公見昭侯曰：‘今有白玉之卮而無當，有瓦卮而有當，君渴，將何以飲？’君曰：‘以瓦卮。’堂谿公曰：‘白玉之卮美而君不以飲者，以其無當耶？’君曰：‘然。’”

都是用爲酒器。

與卮對應的實物，主要有兩類。一類是王振鐸先生 20 世紀 60 年代提出來的，他認爲戰國秦漢時代圓筒形附環狀小把的飲酒器就是卮。[①] 此説得到了裘錫圭先生的贊同。[②] 20 世紀 80 年代，王振鐸先生又對“侑卮”作有專門考證，他説：

> 由於“宥卮”這個器名的出現，是對解決“宥坐之器”的形制問題的一個關鍵，説明它以卮命名必然和“卮燈”一樣是具有卮的形制特徵，進而推論，“宥坐之器”應是一種筒形的容器。由於它能表演傾斜、平正、倒轉的動作，就必須在器身左右裝有可以提挈的繩索。根據這些條件，在出土的容器中也不難找到類似的遺存。圖五(作者注：即本書圖二)之三足提梁筒形器是 1957 年陝西咸陽市馬泉公社西漢墓出土的，發掘簡報

---

①　王振鐸：《論漢代飲食器中的卮和魁》，《文物》1964 年第 4 期，第 1—12 頁。
②　裘錫圭：《讀古書要注意考古資料》，《電大文科園地》1984 年 7 期；又見《裘錫圭學術文集》第四卷，復旦大學出版社，2012 年，第 400—403 頁。

説:"器爲圓筒形,上有蓋,蓋隆起,頂部有環狀鈕,繫一
環。筒身下有三蹄形足,筒身上部有一對鋪首銜環,繫
鏈式龍首提梁。高 28.8、徑 12 釐米。放在隨葬品磚臺
和槨室之間的鋪地磚上,裏面有液體凝固痕迹,疑爲酒
器。"(《陝西咸陽馬泉西漢墓》,《考古》1979 年第 2 期)
這種筒形器在傳世品中很多,而不能説明地區、時代和
用途。這件發掘標本提供了科學依據。從該器的形制
上分析,如果將繫鏈鋪首換成銅鋬便是一件大卮。如
果去掉筒蓋把繫鏈延長,將鋪首移至筒的重心下部,在
筒口一面做加重處理,即成"宥卮"。①

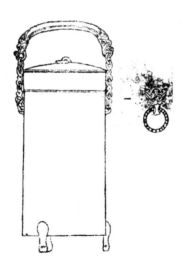

圖二　西漢三尺提梁筒形器

① 王振鐸:《西漢計時器"銅漏"的發現及其有關問題》,《中國歷史博物館館
刊》1980 年第 2 期,第 118—125 頁。

　　王振鐸先生所討論的卮內涵是比較豐富的,包括有足的卮也包括無足的卮。近來又有學者把他界定的戰國秦漢的卮一分爲二。洪石女士認爲"根據湖北江陵鳳凰山 M168 物疏簡 39 記有'角單(觶)一隻,金足',應當指墓中出土的 M168：224。這件器物爲圓筒形、直口、平底,底部有三個銅矮蹄足,外壁有一銅環耳形把。因此,這種形制的器物應該稱爲'觶'"。並據文獻推斷觶爲飲酒器具。"其中'觶''卮'並現,可以確定'觶''卮'也不是同一種器物。"①在此基礎上,廖薇女士撰《戰國秦漢觶、卮、樽辨析》,從觶、卮研究現狀,觶、卮器形辨析,觶、卮共存情況及其關係辨析三個方面,例舉大量可靠的材料,詳細論證了觶、卮的不同,得出以下結論:

　　　　綜合傳世文獻、出土文獻、考古出土實物三方面材料,我們認爲,觶、卮共存,且二者器形有別,觶附三足,卮爲平底。觶、卮在使用上有嚴格的等級之分,觶的等級高於卮。②

這個結論是可以信從的。這類卮的實物作如下圖(圖三、1—3)之形。

---

①　洪石:《戰國秦漢漆器研究》,文物出版社,2006 年,第 59 頁。
②　廖薇:《戰國秦漢觶、卮、樽辨析》,《華夏考古》2020 年第 2 期,第 79 頁。

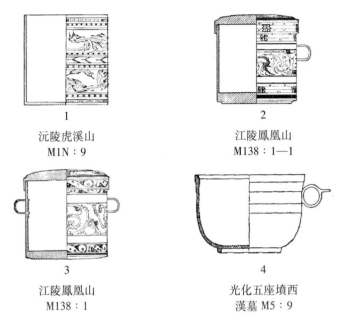

1
沅陵虎溪山
M1N：9

2
江陵鳳凰山
M138：1—1

3
江陵鳳凰山
M138：1

4
光化五座墳西
漢墓 M5：9

圖三 卮

或作圖三、4 之形。

《宣和博古圖》收錄四件漢器,作者王黼最早把這類器定名爲卮。[1]

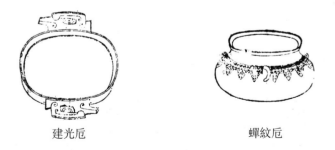

建光卮

蟬紋卮

① 王黼著,諸莉君整理校點:《宣和博古圖》,上海書店出版社,2017 年,第 289—291 頁。

雲雷卮　　　　　　　　　螭首卮

圖四　《宣和博古圖》所收卮

雲雷卮是所謂筒形卮,其他則是所謂碗形卮。①

另一類卮是李學勤先生提出來的。出土銅器,有一種小器,器口多作橢圓形,單耳或雙耳,早一點的似深腹小罐,晚一點的似淺腹杯盞,有些還加蓋,主要流行於春秋、戰國。這類器物有自銘,李先生釋爲枳,讀爲卮。② 對於這類卮,齊耐心、孫戰偉先生有過系統的整理和研究,張懋鎔、李零先生也有過精彩討論。③

這類卮器形如圖五所示,如史孔卮、蔡太史卮。

① 關於碗形卮,絕大多數學者持肯定的意見。如孫機:《漢代物質文化資料圖説(增訂本)》,上海古籍出版社,2011 年,第 364 頁;洪石:《西漢飲酒具研究——以漆器爲中心(上)》,《故宮博物院院刊》2020 年 12 期,第 59—73、111 頁;吳小平:《論秦漢銅器的一體化》,《浙江大學學報(人文社會科學版)》2022 年第 1 期,第 116—125 頁。但也有個別學者認爲應把它從卮中分離出來,如趙乙也:《漢卮的整理與研究》,河南大學碩士論文,2024 年,第 17—18 頁。

② 李學勤:《釋東周器名卮及有關文字》,《第四屆國際中國古文字學研討會論文集》,香港中文大學中國語言及文學系,2003 年,第 39—42 頁;又見《文物中的古代文明》,商務印書館,2008 年,第 330—333 頁。

③ 參看齊耐心、孫戰偉:《中國古代青銅器整理與研究(青銅卮卷)》,科學出版社,2018 年。書前有張懋鎔:《關於青銅卮產生與發展的幾點思考(代序)》。李零:《説枳》,《青銅器與金文》第十一輯,上海古籍出版社,2023 年,第 3—11 頁。

史孔卮(《集成》10352)

蔡太史卮(《集成》10356)

哀成叔卮(《集成》4650)

圖五　青銅卮

其中有些是有足的(四短足),如哀成叔卮。

這類卮出現於春秋早期,在春秋中晚期達到高峰,戰國早期以後數量減少。和上一類卮比,出現和流行時間早。但巧合的是,時間上和上一類卮基本上是銜接的。從形制上看,都是圓形或橢圓形,有的有單環耳,有的有雙環耳,有的是平底,有的是四足,有的有蓋,有的無蓋,有的高一點,有的低一點。它的這些特徵和前一類卮也相似(特別是其中的碗形卮)。相同的名稱(自銘卮),相同的功用(酒器),有關的器形,接續的流行時間,這些應該不是偶然的現象,極有可能是一種承變的關係。這樣看來,有足無足原來並不是卮、觶的區別特徵,後來的區別是發展變化的結果。由於過去討論卮、觶只是拘泥於某一階段的材料,或者雜糅不同時期的材料,從而導致了認識上的巨大差異。

李零先生同意王國維先生的意見,認為卮、觶一物。根據枳

(卮)的實際情形,把枳(卮)分爲碗形枳(卮)和壺形枳(卮),指出:"碗形枳(卮)從壺形觶發展而來。"①其實,不僅碗形枳(卮),壺形枳(卮)也是如此。

如果參照王振鐸先生對前一類卮的理解,將這類卮的雙環耳移至器的重心下部,在器口一面做加重處理,這類卮也是可以作"欹器"來使用的。

總之,無論從文獻記載還是從考古發掘的實物來看,卮原爲飲酒器。② 前後出現過兩種卮,形制各不相同。前一種卮最早出現於春秋早期,流行於春秋中晚期,戰國早期以後逐漸減少。後一種卮出現於戰國,流行於秦漢。兩種卮形制上有無演變關係難以遽定,③但名稱相接是可以肯定的。更爲重要的是,無論上面的前一類還是後一類,都是可以作爲欹器來使用的。欹器是從飲酒器卮發展來的。欹器的説法是説卮虛則爲"欹之器","欹"説的是"卮"的特徵。把"欹"看作器名,以爲危通"欹",是"欹器"的象形,是缺乏依據的。

卮本爲飲酒器,作爲宥器,最早大概是爲了戒酒(控制飲酒

---

① 李零:《説枳》,《青銅器與金文》第十一輯,上海古籍出版社,2023 年,第 10 頁。

② 卮在使用過程中,功能有所擴大,出現了醬卮一類的説法,一般認爲指盛醬的卮。參看王子今:《漢代人飲食生活中的"鹽菜""醬""豉"消費》,《鹽業史研究》1996 年第 1 期,第 36—37 頁;李家浩:《讀江陵鳳凰山漢墓遣策札記三則》,《中國文字學報》第二輯,商務印書館,2008 年,第 67—72 頁;雷海龍:《漢代遣册衣食住行類名物集釋與疏證》"醬卮"條,科學出版社,2024 年,第 183 頁。

③ 參看齊耐心、孫戰偉:《東周銅卮與秦漢"卮"的區别》,《中國古代青銅器整理與研究(青銅卮卷)》,科學出版社,2018 年,第 14—17 頁。

量）的，後來才引申爲虛中持中的意思。

　　因此，把 ⟨符⟩ 釋爲广，無論從字理還是事理上看，都是不可信的。

　　所謂广字，必須尋求新的解釋。

第二章

戰國文字兒字釋讀的突破

據李家浩先生介紹,朱德熙先生曾釋天星觀楚簡 ![字] 爲筦,認爲字下方所從 ![字] 象人戴冠冕之形,即《說文》訓"冠也"的 ![字](覓)字,或體作弁,筦即"筭"字。[1]

天星觀楚簡 1978 年出土於湖北江陵觀音壋公社五山大隊(今屬沙市區)天星觀 1 號墓,書寫年代爲公元前 340 年前後,主要内容爲卜筮祭禱記錄和遣策,存字 4 500 個左右。[2] 竹簡材料至今没有完整發表。[3] 遣策中的 ![字] 字,在此前出土的河南信陽長臺關楚簡、湖北江陵望山楚簡以及此後出土的湖北荆門包山楚簡遣策中都有出現,確實相當於"筭",證明這個字例是確實可靠的。

在朱德熙先生此說的基礎上,李家浩先生釋出了東周乃至西周文字中的弁字。

由於當時所見侯馬盟書資料比較豐富,文例也比較顯豁,李家浩先生對字形結構的分析主要是從侯馬盟書開始的,他把侯馬盟書中"改"上一字的不同寫法歸納爲五組。

① 李家浩:《釋"弁"》,《古文字研究》第一輯,中華書局,1979 年,第 391 頁。
② 湖北省荆州地區博物館:《江陵天星觀 1 號楚墓》,《考古學報》1982 年第 1 期,第 71—116、143—162 頁。
③ 天星觀楚簡單字字形及釋文均有學者做過整理和研究,許道勝先生有過很好的總結。許道勝:《天星觀 1 號楚墓卜筮禱祠簡釋文校正》,《湖南大學學報(社會科學版)》2008 年第 3 期,第 8—14 頁。

A 組：

1. 𤰔 𤰔

2. 𤰔 𤰔

3. 𤰔 𤰔

B 組：𤰔 𤰔

C 組：𤰔

D 組：𤰔 𤰔

E 組：𤰔 𤰔

指出：

　　E 組是獨體字，A、B、C、D 都是合體字，A1 從
"又"，A2 在"又"下加兩短橫，乃是飾筆，戰國文字多
有此例，如盟書"助"或作"𤰔"，古璽"相"或作
"𤰔"，"和"或作"𤰔"，即其例。A3 從"寸"，戰國文
字從"又"從"寸"往往無別。B、C 二組從"攴"，D 組
從"心"。在這五組寫法裏，A 組最常見，其他寫法
都比較少見。①

然後分析道：

① 　李家浩：《釋"弁"》，《古文字研究》第一輯，中華書局，1979 年，第 391 頁。

我們認爲侯馬盟書 C 所從左旁就是“兒”,而▢和▢則是“兒”字簡省的寫法。《説文》“兒”字籀文作▢,或體作▢,即“弁”字。我們知道,古文字中作爲偏旁的“廾”可以省作“又”,因此盟書 A 組的寫法應與“弁”字相當。如果我們把 B、D、E 各組中的▢或▢看成是▢、▢之省,那麼 B、D、E 三組應分別隸定爲:敆、愨、弁。不過我們也可以把▢和▢分析成從“又”從“兒”省,採取這種看法,A、B、D、E 四組則應分別隸定爲:叙、敚、悤、兒。在以下的討論中,我們暫時採取前一種分析法。①

李家浩先生最大的貢獻在於,他把侯馬盟書這組字中的 A 組——實際上也是該字的主流寫法,和《説文》兒的異體弁字聯繫起來,把它看做弁的省體(廾省作又)。由於有了明確的字形對應,就爲從根本上解決侯馬盟書和其他相關用例的通讀提供了條件。此後的新出材料,基本上都能從這一考釋出發,得到合理的解釋。由於當時見到的材料還比較少,加之過去對弁的來源和兒的異體關係的認識本來就不夠清晰,所以他在分析字形的時候,本著實事求是的原則,提出了兩種方案:第一種是,把 A 隸作弁,B、D、E 三組分別隸作敆、愨、弁(省體);第二種是,把 A 隸作叙,B、D、E 分別隸定爲敚、悤、兒(省體)。爲了分

① 李家浩《釋“弁”》,《古文字研究》第一輯,中華書局,1979 年,第 391—395 頁。

析的方便,他暫從了第一種方案。李家浩先生有一點是非常明確的,那就是,C 組中 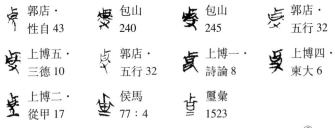 與《説文》覓相當,他認爲字下一筆是人的省簡形式,從人的寫法是覓的直接來源。這個説法在他的分析中居於關鍵地位。在他的觀念中,是有一個原生形的象人戴冠冕的覓的。這應是受到了朱德熙先生的影響。但他對覓、弁在形體上的聯繫,並沒有表達明確的意見,基本上是基於《説文》的認識。《説文》把覓作爲字頭,把弁作爲異體。李家浩先生也大致如此。他的這個説法得到了許多學者的贊同。① 在新近出版的《出土戰國文獻字詞集釋》中,覓字字形的排列就把 卓放在首位,如圖一。

卓 郭店·性自 43	𡕥 包山 240	𡕥 包山 245	𡋤 郭店·五行 32
𡕤 上博五·三德 10	点 郭店·五行 32	𡅮 上博一·詩論 8	𡈰 上博四·柬大 6
𡈨 上博二·從甲 17	𡌮 侯馬 77:4	𡇁 璽彙 1523	

圖一　覓字字形(引自《出土戰國文獻字詞集釋》4321 頁)②

徐在國、程燕、張振謙先生編著的《戰國文字字形表》也大致如此。

---

① 各家説法參見曾憲通、陳偉武主編:《出土戰國文獻字詞集釋》卷八,中華書局,2018 年,第 4321—4332 頁。
② 曾憲通、陳偉武主編:《出土戰國文獻字詞集釋》卷八,中華書局,2018 年,第 4322 頁。

表一　兑字字形表（引自《戰國文字字形表》1243 頁）①

燕	由	晉				楚
陶録 4·140·6	集粹 153	集粹 79	信陽 2·28	上博四 內 7	信陽 2·7	郭店性 自 43
幣研 76 頁		玉璜	上博二 從甲 17	清華一 保訓 6	包山 240	清華一 金縢 10
				上博四 束 6	包山 245	
				清華五 三壽 11	郭店 五行 21	
					清華三 芮良夫 7	

對於西周文字中🦌的釋讀,是李家浩先生在戰國文字釋讀基礎上所作的進一步的推論。他在注釋中説:

西周金文裏有🦌(《金文編》一二四頁)與盟書 A

① 徐在國、程燕、張振謙:《戰國文字字形表》,上海古籍出版社,2017 年,1243 頁。

組“弁”相似,疑盟書 A 組“弁”字即由此省變而來。此字亦見於弔仲瑚(《集古齋鐘鼎彝器款識》七·五上)。弔仲瑚云:“弔中(仲)▨壽。”“▨壽”猶它器所言“眉壽”,當是長壽的意思。疑▨當釋爲“弁”,讀爲“曼”,弁、曼古音同屬寒部幫系字。《漢書·禮樂志》:“世曼壽”,顏師古注:“曼,延也。”金文裏還有一個▨字(《金文編》九八二頁),左旁與盟書 16：17“弁”字相似,疑亦是“弁”字。①

這個推論很有理致。從字形上看,它和侯馬盟書弁字相比,字上部幾乎完全相同(▨、▨兩種寫法上部都可以與侯馬盟書對應),只是字下部多了一個又形。古文字裏収往往省作又,《説文》弁的異體有作収的有作又的,収、又可以溝通。▨字見於大師人▨乎鼎(《集成》2469,西周晚期),第三版《金文編》置於附錄下三〇頁,②第四版《金文編》置於附錄下 390 號。③ 應分析爲從見(上有飾筆)▨聲。很可能和齊陶文中▨(《陶彙》3.157)是一個字,可以隸作視或眮。眮,何琳儀“疑𧪥之異文”。④ 由於金文視和齊陶文眮都當名詞用,文意都不太顯豁。“▨壽”文意則比較明確,讀爲“曼壽”,文從字順。我們認爲把▨釋弁是很可

---

① 李家浩:《釋“弁”》,《古文字研究》第一輯,中華書局,1979 年,第 395 頁。
② 容庚編著:《金文編》,科學出版社,1959 年,第 982 頁。
③ 容庚撰集,張振林、馬國權摹補:《金文編》,中華書局,1985 年,第 1235 頁。
④ 何琳儀:《戰國古文字典》,中華書局,1998 年,第 1065—1066 頁。

信的。

保利藝術博物館收藏一對西周時期的銅盨,蓋器同銘,**兒**字共出現4次。甲盨蓋銘"白敢**兒**[字]作寶簋,其萬年子子孫孫其永寶用",甲盨器銘"白敢**兒**作寶簋,其萬年永寶用"(《保金》93、《近出》500,西周中期);乙盨蓋銘"白敢**兒**[字]作寶簋,其萬年子子孫孫其永寶用",乙盨器銘"白敢**兒**作寶簋,其萬年永寶用"(《保金》94、《近出》499,西周中期)。四個**兒**的寫法大同小異,應和師酉簋同字。我曾考證爲兒(嬥)字,並從字義上作了論證:

> **[字]**是**[字]**的異體字。緣字《説文》説"從糸每聲",段玉裁改爲"從糸每",曰"各本下有聲字,非也。今删。每者,艸盛上出,故從糸每會意"。緣的古文字字形,一般從每從糸,有時寫作從女從糸,像女人編髮之形。引申表示馬鬣,表示繁多。**[字]**所從爲緣之異體,用人取代每或女,象側立之人編髮之形。厂爲聲符,和**[字]**所從夗都是元部字。王世民先生考釋盨銘時指出,白敢**兒**和**[字]**可能是名和字的關係,極是。古人名和字往往意義相因,透露出兒和緣有意義上的聯繫。[①]

從名、字關係的角度可以進一步證明釋**兒**爲兒的正確性。

[①]　趙平安:《從語源學的角度看東周時期鼎的一類别名》,《考古》2008年第12期,第68—69頁。

2016 年出土的曾太保盨也有覓字,蓋銘作 [image] ,器銘作 [image] ,①
用爲人名。該盨形制與陝西扶風雲塘 H1：1 伯多父盨相似,時
代應屬西周晚期。

把西周金文 [image] 等字釋爲弁本是多數學者接受的觀點,可是近
來局面有所改變。董蓮池先生根據段玉裁改篆的説法,把它釋爲
舁。② 段説是董説的基礎,我們將《説文》正文及段注引述如下:

> **舉也。從廾由聲。**各本作由聲,誤。或從鬼頭之
> 由,亦非也。此從東楚名缶之由。故《左傳》作舁,今
> 《左》作恭。糸部絣從舁聲,或字作綦。由聲、其聲皆在
> 一部也。**《春秋傳》曰:"晉人或以廣墜,楚人舁之。"**
> 《左傳·宣十二年》文。今傳舁作恭。**黃顥説:廣車陷,**
> **楚人爲舉之。**此許偁古本古説。杜本作恭,云恭,教
> 也。**杜林以爲麒麟字。**謂杜伯山謂舁爲麒字也。《廣
> 韻·七志》曰:舁,《説文》音其是也。蓋《蒼頡訓纂》
> 《蒼頡故》二篇中語。絣可作綦,則麒可作舁,其理
> 一也。③

---

① 《漢東文博》第一輯;隨州市博物館、隨州市公安局主編:《追回的寶藏》,武
　漢大學出版社,2019 年;凡國棟主編:《曾國青銅器銘文選萃》,崇文書局,
　2024 年,第 94—98 頁。
② 董蓮池:《談談師酉簋 [image] 字的釋讀》,《中國文字研究》第十四輯,大象出版
　社,2011 年,第 5—7 頁。董先生此説應是基於他在《金文編校補》中的説
　法,不過那裏並沒有展開論説(董蓮池:《金文編校補》,東北師範大學出版
　社,1995 年,第 81 頁)。
③ 段玉裁:《説文解字注》,上海古籍出版社,1981 年,第 104 頁。

段氏把畁看作從廾甾聲的形聲字。

實際上所謂畁和從畁的字在秦漢文字中很常見。在秦漢印章中,形態非常豐富,試舉箕、期、騏、綦爲例:

表二　箕字字形表(引自《秦漢印章封泥文字編》378 頁)①

箕			
箕良 印典二 873	箕齊 印典二 1442	箕壽 珍秦展 108	箕慶 印典二 873・吉
箕辟彊 印典二 873	箕中孫 印典二 873	箕譚私印 虛漢 1008	箕大 印典二 874・匋
令其孝君 秦漢印典 331	侍其綵 印典四 2603	方其之印 虛漢 0641	魏其邑丞 古封 1302・齊再
蒬置其 印典三 1630・澂	其毋齒 秦代印風 167	令其安漢 秦漢印典 331	不其國丞 古封 499・續建
贅其屬令章 大系 14877	按:依《説文》, "其"是"箕"之 早期寫法。		

① 趙平安、李婧、石小力:《秦漢印章封泥文字編》,中西書局,2019 年。

表三　期字字形表（引自《秦漢印章封泥文字編》597 頁）

期			
毋期 印典二 1421·善	茅期 印典二 1421·匋	蘇期 秦漢印典 132	成過期 秦漢印典 158
期門僕射 徵存 161·史	馮過期印 南博 60.3	信期 印典二 1421·十	橋高期 虛漢 1696
橋淩期 印典二 1421·澂	期毋安官 印典二 1421	謝倚期 印典三 1674	鄧倚期 虛漢 0413
劉期之印 虛漢 1434	任奉期印 虛漢 1790	柱師會期 珍漢 162	臣會期 珍漢 162
期楚 印典二 1421	期思長印 新封彙編 4796	期思丞印 新封彙編 4791	期思長印 新封彙編 6242
·期思長印 新封彙編 6262	期思侯相 新封彙編 6224	期思侯相 新封彙編 6226	期思左尉 新封彙編 6270
期思侯相 新封彙編 622	期思侯相 新封彙編 6231	期思侯相 新封彙編 4793	期思侯相 新封彙編 6228

續　表

 妾連期 大系 15153			

表四　騏字字形表（引自《秦漢印章封泥文字編》874 頁）

 騏蘇兒印 戎壹軒展 17	 騏危 珍秦 297	 騏治衆印 虛漢 1682	 騏滂洋 印典三 2066・十
 騏無猥 虛漢 1681			

表五　綦字字形表（引自《秦漢印章封泥文字編》1140 頁）

 綦毋偃 珍秦 275	 綦毋然 印典三 2113	 綦毋佗 印典四 2640・十	 綦毋偪 印典四 2640・荔
 綦毋忠印 秦漢印典 393	 綦毋勝 印典四 2640	 綦毋信印 印典四 2640・十	 綦毋隆 印典四 2500・匋

續　表

綦毋效印 印典四 2641·薝	綦毋颯 虛漢 3758	綦毋初印 秦漢印典 393	綦毋少公 印典四 2640·叢
綦毋聖人 首博 7.331	綦毋充印 虛漢 3756	綦毋吳人 虛漢 3760	

　　從秦漢印章其和從其的字看，所謂畀只不過是其的異體而已。下面部分 ⺕ 變成 ⟨⟩，上面部分 ⊠ 變成 ⊠，再變成 ⊟⊟，最後變成由，路徑是很清楚的。畀的上面不是所謂由，不是所謂囪，也不是所謂甾，原來只是箕的象形而已。

　　他處所見的零星材料，也支持這一看法。如睡虎地秦簡《爲吏之道》簡 1 伍、2 伍"凡治事，敢爲固，謁私圖，畫局陳畀以爲耤"。整理報告："局，棋盤。畀（音其），讀爲棋。耤，讀爲藉，借助。"①畀原作 。《治獄程式》簡 59："男子西有鬃秦綦履一兩。"整理報告原注："綦履，一種有紋的麻鞋。《後漢書·劉玄劉盆子傳》：'直綦履。'注：'綦，履文也，蓋直刺其文以爲飾也。'一兩，一雙。"②綦簡文作 。江陵鳳凰山西漢簡牘 M8.165："博、算、綦、桐，博席一具，博橐一。"綦作 。整理報告注釋説："綦，

①　睡虎地秦墓竹簡整理小組編：《睡虎地秦墓竹簡》，文物出版社，1990 年，第174 頁。
②　睡虎地秦墓竹簡整理小組編：《睡虎地秦墓竹簡》，文物出版社，1990 年，第158 頁。

疑爲綦字異體,與棋字通。”①北大秦簡《從政之經》簡44:“畀之,
畀[之]食不可嘗也。”整理者注:“‘畀之,畀[之]食不可嘗也’,
睡簡作‘綦之[綦]之,食不可賞(償)’(三六貳)。《左傳·宣公
十二年》‘楚人惎之’,《説文》引作‘楚人畀之’。畀、惎、綦均群
母之部字,可通。睡簡釋文認爲此句‘之’字下脱重文符號,故爲
此句補一‘之’字,讀作‘綦之綦之,食不可賞(償)’,注釋讀‘綦’
爲‘忌’,義同‘戒’,可從。”②畀原作 ,字形稍訛,應看作其的
訛字。《説文·糸部》把 作爲字頭,把 作爲或體。③ 嶽麓秦
簡 (貳體 J25):“有玉方八寸,欲以爲方半寸畀(棋),問得幾
何?”整理報告原注:“‘畀’,讀作‘棋’。”④這個畀也是其的訛字。

《説文》畀下訓“舉也”,這一訓釋不見於別處,代入《左傳》
也講不通文例,應該是因爲字從廾,望文生義的結果。⑤

這樣看來,段説是不可靠的,董説也是不可靠的,都不足爲據。

關於兇的構形,何琳儀、黃德寬、季旭昇等先生後來又有進
一步的討論。何琳儀先生的討論如下:

① 湖北省文物考古研究所編:《江陵鳳凰山西漢簡牘》,中華書局,2012 年,第
56 頁。
② 北京大學出土文獻與古代文明研究所編:《北京大學藏秦簡牘》第一册,上
海古籍出版社,2024 年,釋文注釋第 49—50 頁。
③ 許慎撰,徐鉉校定,愚若注音:《注音版説文解字》,中華書局,2015 年,第
275 頁。
④ 朱漢民、陳松長主編:《嶽麓書院藏秦簡(貳)》,上海辭書出版社,2011 年,
第 142 頁。
⑤ 趙平安:《釋“𦥑”及相關諸字》,《出土文獻與古文字研究》第三輯,復旦大
學出版社,2010 年,第 90—99 頁;又見《金文釋讀與文明探索》,上海古籍出
版社,2011 年,第 149—169 頁。

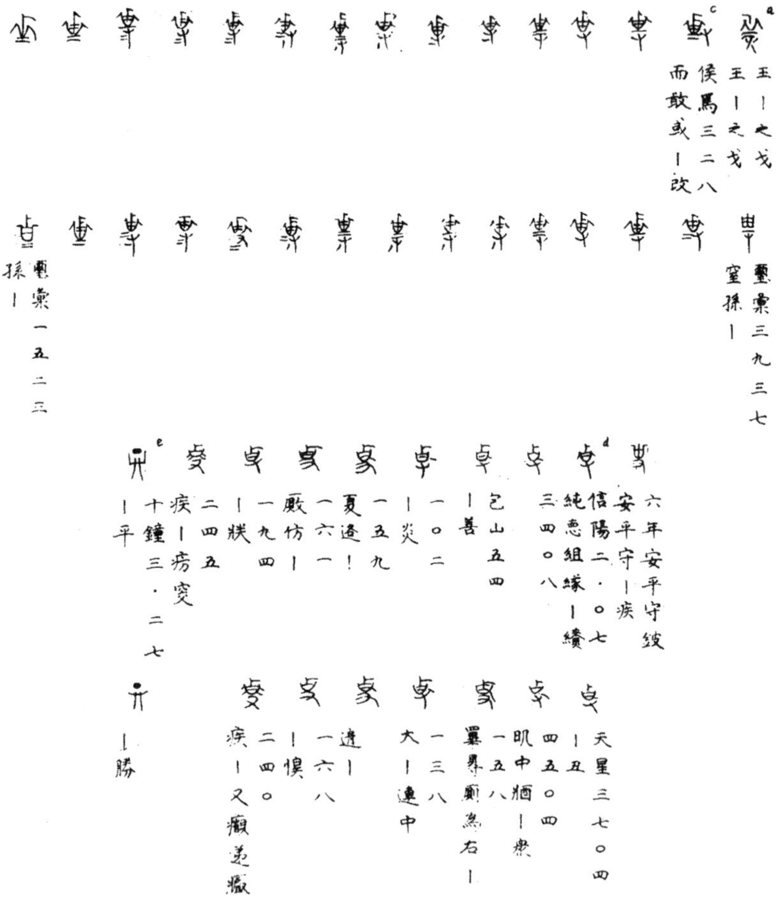

圖二 皃字字形

一，甲骨文作（續五·五·三）。從収持弁冕之形。借體象形。金文作（牧—簋）。秦系文字承襲商周文字。籀文所從—冕形內加紋飾。六國文字—冕形訛作、、、、、等形，與、占

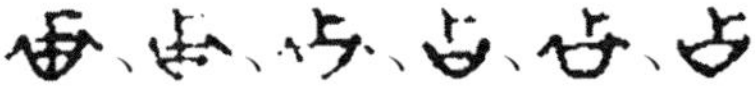

易混。収均省作又旁，加＝、一表示省略又、収旁。楚系文字或作▢、▢、▢，—皃形加飾筆。三體石經《無逸》變作▢，《汗簡》中二・四八變作▢、▢，《古文四聲韻》中去聲二四—作▢。《漢徵》八・二十—作▢、▢，其—皃形訛變尤烈。《説文》：“▢，皃也。周曰皃，殷曰吁，夏曰収。從兒，象形。▢，籀文皃。從収，上象形。▢，或皃字。”（八下四）皃爲六國文字，弁爲秦系文字。古文字口、〇往往隸定爲厶，如公作▢，參作▢，鄉作▢，厸（鄰）作ㅂㅂ等。以此類推，上揭商周文字▢、▢，非弁字而莫屬，舊或釋共，殊誤。弁，典籍亦作下，構形不明。①

黃德寬先生的討論如下。

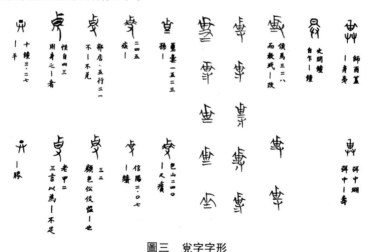

圖三　皃字字形

① 何琳儀：《戰國古文字典》，中華書局，1998 年，第 1064—1065 頁。

一，從[⿰字形]，從廾，[字形]象冠冕，從手持之。西周金文作[字形]，戰國文字多省收爲又，晉系文字作[字形]、[字形]、[字形]，楚系作[字形]、[字形]、[字形]，作[字形]者與史形混，三體石經《無逸》變作[字形]，《汗簡》中二·四八變作[字形]、[字形]，《古文四聲韻》去聲二四—作[字形]，其—冕形訛尤烈。《說文》："[字形]，冕也。周曰党，殷曰吁，夏曰收。從兒，象形。（皮變切）[字形]，籀文党。從収，上象形。[字形]，或党字。"（八下四）[字形]，即弁形之來源。參挵字，或釋甲骨文[字形]，金文[字形]爲党。①

季旭昇先生：

表六　党字字形表（引自《説文新證》716頁）②

[字形]	[字形]	[字形]	[字形]
1 商. 續5.5.3《甲》	2 周早. 牧弁簋《金》	3 周中. 師酉簋《金》	4 春戰. 侯馬1：30
[字形]	[字形]	[字形]	[字形]
5 春戰. 侯馬1：82	6 春戰. 侯馬1：36	7 春戰. 侯馬85：10	8 春戰. 侯馬1：21

---

① 黃德寬主編：《古文字譜系疏證（三）》，商務印書館，2007年，第2813—2814頁。
② 季旭昇：《説文新證》，福建人民出版社，2010年。

9 春戰. 侯馬 200：69	10 春戰. 侯馬 1：40	11 戰.齊. 璽彙 3937	12 戰.晉. 璽彙 1523
13 戰.楚. 包 54《楚》	14 戰.楚. 包 168《楚》	15 戰.楚. 包 245《楚》	16 戰.楚. 信 2.7《楚》
17 戰.楚. 曾 156《楚》	18 戰.楚. 天.卜《楚》	19 戰.楚. 郭.性 43《張》	20 秦.十鐘 3.27.7
21 秦. 十鐘 3.27.8	22 西漢.睡. 方 21《陳》	23 漢印徵	24 漢印徵
25 漢印徵	26 漢印徵	27 東漢. 夏承碑《書典》	

　　甲骨文、金文△1—2 徐中舒釋弁，以爲從廾持□，□象冠弁(《對金文編的幾點意見》姑稱"弁甲")。對照秦漢文字(△20—23 等形)，其説宜若可從。西周金文師酉簋、戰國文字(多讀同"變")及天文雜占△形，李家浩釋弁(《釋弁》姑稱"弁乙")，辭例完整，釋義詳盡，應可

從。但弁甲、弁乙上部所從似頗不同,目前未見二形中間的過渡字形。《漢印徵》弁字,與《説文》小篆同形(姑稱"弁丙"),當與弁乙爲一系,惟易"廾"形爲"人"形耳。

《説文》或體其實承自弁甲,至秦漢其上部作填實圓點(△21),圓點往往只畫虛廓而中間填以交叉斜線,則成《説文》籀文之形;虛之則作"厶"之形(△27),再訛則成《説文》或體耳。①

何琳儀、季旭昇都同意徐中舒先生的説法,把甲骨文 🝖 和金文 🝖 看作冕的前身。黃德寬比較謹慎,只是客觀介紹了徐中舒先生的説法。徐中舒先生的説法原來是這樣的:

🝖 一期 續五、五、三

【解字】從 □ 從 🝖(収),象兩手捧弁之形。或從 ⊗ 從 🝖,與《説文》籀文略同。殷虛婦好墓出土之石人有頭戴圓形束髮之冕者(見《殷虛婦好墓》圖版一二九),其冕即 🝖 字中之 □ 形,作方形者,便於契刻之故。《説文》:"冕,冕也。周曰冕,殷曰吁,夏曰收。從冃象形。🝖,或冕字。🝖,籀文冕,從卅,上象形。"冕(弁)、吁(冔)、收異名而實爲一物。《儀禮·士冠禮》鄭玄注:"弁名出於槃。"槃、盤古今字,盤、弁古音同,即以盤旋

① 季旭昇:《説文新證》,福建人民出版社,2010年,第716—717頁。

於頭上之圓冕稱之爲弁;吁即紆,謂圓形之冕縈紆於頭
上;收指圓形之冕有收斂頭髮之用。弁字所從之厶亦
圓形之訛變。《説文》:"厶,姦邪也。韓非曰:'蒼頡作
字,自營爲厶。'"厶之初形當爲縈繞之環。故從○與從
厶同。弁應從環從収,即甲骨文之🖼字。①

徐中舒先生此説有一個前提,就是把収看作共的初文。他説収
"象拱其兩手有所奉執之形,即共之初文"。②把収釋爲共,使得
真正的共無處安身。實際上,甲骨文🖼相當於《説文》廾,這是
大家所熟知的。絶大多數學者也是這麽處理的。

　　甲骨文🖼主要作🖼(《合集》2795,賓組二類)、🖼(《合
集》13962,賓組二類)之形。文例比較顯豁,爲人名。

　　　　……貞:婦🖼……固曰:有咎。……其惟庚……
(《合集》2795)
　　　　貞:婦🖼娩,不……(《合集》13962)

一般把它釋爲共,如《甲骨文編》按語説:"卜辭共字從囗,與金
文同。"③這個釋法,顯然是從金文來的。金文此字作🖼(亞共
且乙父己卣,商代晚期,《集成》5199)、🖼(亞共父癸簋,商代

① 徐中舒主編:《甲骨文字典》,四川辭書出版社,1989年,第973—974頁。
② 徐中舒主編:《甲骨文字典》,四川辭書出版社,1989年,第236頁。
③ 中國科學院考古研究所編輯:《甲骨文編》,中華書局,1965年,第104頁。

晚期,《集成》3339)、⿱（亞共覃父乙簋,商代晚期,《集成》
3419)、⿰（牧共簋,西周早期,《集成》3651)之形,①方濬益《綴
遺齋彝器款識考釋》卷二十六、林義光《文源》卷六、孫海波《甲骨
金文研究》、郭沫若《金文叢考》等都釋爲共。② 孫海波、郭沫若把
共釋爲拱璧的專字,我認爲是目前最好的説法。郭沫若先生説:

> 金文共字作⿰（牧共簋)或⿱（且乙父己卣),容
> 庚云"兩手奉器,象供奉之狀",所奉何器,亦泛無所指。
>
> 余謂共者拱璧也。左氏襄卅一年《傳》"叔仲帶竊
> 其拱璧",《釋文》云:"拱璧,大璧也。"《商頌‧長發》
> "受小共大共"與"受小球大球"對文,即言大璧小璧。
> 古人之用璧,蓋係于頸而垂于胸次,時以兩手拱之,故
> 稱曰拱璧,或單稱曰共。樂浪郡第九號墓,有璧在胸
> 次,其明徵也。③

金文共也是名詞,多用爲氏族名或人名:

> 亞共且乙父己壺:亞共且乙父己。（商代晚期,《集
> 成》5199)

---

① 容庚撰集,張振林、馬國權摹補:《金文編》,中華書局,1985 年,第 164 頁。
② 古文字詁林編纂委員會編纂:《古文字詁林》第三冊,上海教育出版社,2000
　年,第 212—216 頁。
③ 郭沫若:《金文叢考‧金文餘釋之餘‧釋共》,《郭沫若全集‧考古編》第五
　卷,科學出版社,2002 年,第 219 頁。

亞共覃父乙簋：亞共覃父乙。（商代晚期，《集成》3419）

亞共父癸簋：亞共父癸。（商代晚期，《集成》3339）

牧共簋：牧共作父丁小食簋。（西周早期，《集成》3651）

古文字早期共字都用爲名詞，其文例雖無助於共的構形本義的探討，但也不構成反證。這種情形在古文字裏其實很普遍。

圓圈、方框、口形三者古文字裏可以通用。像西周早期金文辟，既可作（大盂鼎，《集成》2837），也可作（商卣，《集成》5404），作（商尊，《集成》5997），就是很好的證明。羅振玉曰："按古文辟，從辛人。辟，法也。人有辛則加以法也。古金文作，增，乃璧之本字，從聲。而借爲訓法之辟。許書從口又由而訛也。"①戴家祥認爲："辟乃璧之初文。金文從，象璧形。《説文》一篇：'璧，瑞玉圜也。'《爾雅·釋器》'肉倍好謂之璧'，注'肉，邊也。好，孔也'。金文亦有從，中有點，爲孔。後世辟有'法''誅'等意，初義泯滅，乃加'玉'爲'璧'，以還原義。《史記》'宋辟公名辟兵'，《索隱》引《紀年》作'璧'。堯廟碑'吕君諸璧'，史晨奏銘'臣伏見臨璧'，'辟'均作'璧'。"②

圓圈、方框、口形三者之間的差異，完全是書寫或契刻造成的。這種書寫或契刻的差異，在甲骨文、西周金文、戰國文字中都是存在的。但對於個體字符而言，傳下去的可能只是其中的一種寫法。辟傳下去的是從口的寫法，共傳下去的也

①　羅振玉：《增訂殷虚書契考釋》卷中第五十六頁，丁卯二月東方學會印。

②　戴家祥主編：《金文大字典》，學林出版社，1995 年，第 156—157 頁。

是從口的寫法。哀本從口衣聲,實際書寫可作 （郭店簡《語叢三》59）,作 （清華簡十四《兩中》84）,作 （睡虎地秦簡《日書甲種》29 背）,可從口、從圓圈、從方框,最終傳下去的是從方框和口形的寫法。

如果按照羅振玉、戴家祥先生的説法, 象璧之形,共字的構形分析,在孫海波、郭沫若先生的基礎上,分析爲從 從𠬞𠬞亦聲,看作拱璧的共(拱)的初文,也許更好。

從字形演變來看,共的演變路徑爲：

（亞共覃父乙簋）—（《璽彙》1880）—（《説文》小篆）

總之,把甲骨文 和金文 釋爲共,比釋爲覓要直接得多。

根據甲骨文金文人名、族名、地名三位一體的特點,甲骨文 和金文 ,似可和春秋鄭地共聯繫起來。《左傳·隱公元年》："大叔完聚,繕甲兵,具卒乘,將襲鄭。夫人將啟之。公聞其期,曰:'可矣!'命子封帥車二百乘以伐京。京叛大叔段。段入於鄢,公伐諸鄢。五月辛丑,大叔出奔共。"杜預注："共,國。今汲郡共縣。"[1]此地西周爲共伯和封國,後爲衛邑,戰國屬魏,秦於此置共縣,在今河南輝縣境内。今輝縣市東五里處尚存西周共城遺址。

共字還有另一種寫法,作 （師晨鼎,西周中期,《集成》2817）、（善鼎,西周中期,《集成》2820）、（諫簋,西周晚期,《集成》4285）之形,師晨鼎、諫簋作人名,善鼎"秉德共屯

---

[1]　杜預撰,陸德明音義:武英殿仿相臺岳氏本五經《春秋左傳集解》卷一隱公元年,上海古籍出版社,2022 年,第 204 頁。

（純）”，叔向父禹簠（西周晚期，《集成》4242）“共明德，秉威儀”，禹鼎（西周晚期，《集成》2833）“共朕之命”，柞伯鼎（西周晚期，《銘圖》2488）“在乃聖祖周公䚩有共于周邦”，是作動詞的。朱鳳瀚先生解釋柞伯鼎時指出：

是西周中期以後出現的“共”字（原多作“”形）的一種異體。由此亦可知構成“共”字之表義符號中，（収）像雙手作拱狀之符號爲主要的，表示所供奉之物的符號似可以有所不同。①

黄盛璋先生則説：

朱文隸定爲“共”，通假爲“功”……但此字字形結構，實是從雙手奉祭器，是“祭供”的“供”字初文，由祭供義引申爲“恭”。……後加心旁專造“恭”字，與加人旁爲“供”，皆爲後造專字，以爲區別。“共”就是“供、恭”兩字的初文，西周金文原只有此二用法，後仍爲漢碑沿用，與從工聲的“功”非同一聲，不能相假。……共與其後起字供，用於供獻神鬼，後代引申用於人事，同於下獻上，用爲敬語，但是從無功勞、功績之意。②

_____

① 朱鳳瀚：《柞伯鼎與周公南征》，《文物》2006 年第 5 期，第 69 頁。
② 黄盛璋：《關於柞伯鼎關鍵問題質疑解難》，《中原文物》2011 年第 5 期，第 47—48 頁。

目前對■字構形的認識還没有取得一致的意見,但把此字釋共則基本達成共識。① 從字形演變來説,路徑應是■—■(春秋晚期,叔尸鎛,《集成》285)—■(《説文》小篆),先在兩豎上加點,然後兩點拉成横,再合而爲一。

從用法上看,釋爲共,讀爲恭、供都很通暢。

■亦見於商代甲骨文和金文,但都作爲名詞使用。② 關於它的構形,吴大澂的説法似乎比較可信。他説:"■,古共字。象兩手有所執持。共手之共,即恭敬之恭。從心後人所加。"③兩種共字,一種是爲拱璧的共所造,一種是爲恭、供所造。構形不同,表達的意義不同,但是後來合二爲一。

何琳儀、黄德寬、季旭昇三位先生都溝通了戰國時期覓字上面部分的各種異體。何琳儀、黄德寬認爲各種異體之間是相互演變的關係。季旭昇則認爲甲、乙類之間似頗不同,兩者之間未見過渡字形。言下之意甲、乙似爲兩個不同的系列。至於字下部分,和李家浩先生一樣,何琳儀、黄德寬先生都没有明説。季旭昇先生則認爲,雙手省掉一只變成"又","又"又替换成"人"。

---

① 容庚編著,張振林、馬國權摹補:《金文編》,中華書局,1985 年,第 164—165 頁;戴家祥主編:《金文大字典》,學林出版社,1995 年,第 2303—2305 頁;董蓮池:《新金文編》,作家出版社,2011 年,第 297—298 頁;容書、戴書收録兩種寫法,董書只收了後一種寫法。

② 《近出》118 載有一件鬲,上有族氏文字作■,或釋爲共。劉釗等編纂的《新甲骨文編》共下收■字,福建人民出版社,2014 年,第 149 頁。

③ 吴大澂:《説文古籀補》卷三・五,《説文古籀補三種》,中華書局,2011 年,第 18 頁。

　　他們三位有一個共同點，都認爲覓上面部分象冠冕之形，下面部分爲手形，字本象雙手持冠弁之形。這是基於徐中舒先生對甲骨文、金文的理解，朱德熙、李家浩先生對戰國文字的理解，以及許多人對小篆 [字形] 形的理解。既然甲骨文 [字形] 和金文 [字形] 不是覓字，從字源上説，這個説法也就失去了依據。

　　朱德熙、李家浩先生對戰國文字覓字上部的理解，以及許多人對小篆 [字形] 形的理解，其實也有問題，這點我們將在下文加以討論。

第三章

兑字上部所從不能釋爲冠冕

一種文字有一種文字的構形習慣和特點，這是由特定民族的文化，特別是它的思維特點決定的。漢字中與冠冕有關的字，就反應了漢民族獨特的服飾文化和漢民族自己的思維特點。從古文字冠冕類文字構形特點看，覓中的 ⿱、⿱、⿱、⿱、⿱ 不能釋爲冠冕。

我們知道，古文字冕早期有兩系寫法：一系從側面人形，作 ⿱（《合集》33069）、⿱（免簋，西周中期，《集成》4240）之形；一系從正面人形，作 ⿱（⿱免觚，商，《集成》7067）、⿱（周免旁尊，西周中期，《集成》5922）之形，[1]字形都象人著冠冕之形。表意的重點在冠冕上，人形可以站立，可以跪坐，可以正面，可以側面，並不區別意義。這是用襯托象形法造出的字。後來跪坐人形的寫法和正面人形的寫法消失，只有站立的側面人形的寫法傳承下來。側面人形的寫法又在字上加飾筆作 ⿱（免，睡虎地秦簡《效律》18），加冃旁作 ⿱（冕，《説文》小篆）。隸楷繼承了小篆的寫法。

冒字商代甲骨文作 ⿱（《合集》10405 反）、⿱（《合集》10406

---

[1]　于省吾：《釋從天從大從人的一些古文字》，《古文字學論集（初編）》，香港中文大學中國文化研究所、吴多泰中國語文研究中心，1983 年；又見《古文字研究》第十五輯，中華書局，1986 年，第 185—187 頁。

反），①西周金文作🔲（九年衛鼎，西周中期，《集成》2831），戰國竹簡作🔲（清華簡一《楚居》7）、🔲（包山 2.131），小篆作🔲，秦簡作🔲（睡虎地秦簡《秦律十八種》147），確實是從日（或目）從目的。目表示人，用目表示人屬於借代。冒的本義指人戴的帽子。《漢書·雋不疑傳》：“著黃冒。”用的就是本義。後來在原字上加巾旁作帽。用帽表示它的本義，用冒表示相關的引申義。

冡是蒙的古字，甲骨文作🔲，②戰國楚文字作🔲（包山 2.94，包山 1 號牘🔲字偏旁相近），晉文字結構相似，③從冃從豕，秦文字從冃從豕，④可見冡本來就是從冃或冃構形的。

冑字商代甲骨文作🔲（《合集》4078）、🔲（《合集》36492），西周金文作🔲（師同鼎，西周晚期，《集成》2779），小篆作🔲，是一個從冃（或冃）由聲的字，這是冑字發展的主線。其中師同鼎聲符和形符位置互易。也有在原字基礎上加目旁作🔲（西周甲骨，H11：174）、🔲（虞簋，西周中期，《集成》4167）的，省掉中間部分作🔲（伯晨鼎，西周中期或晚期，《集成》2816）的，用人形替換目

---

① 孫常敘：《釋🔲🔲——兼釋各云、般🔲》，《古文字研究》第十五輯，中華書局，1986 年；收入《孫常敘古文字學論集》，上海古籍出版社，2016 年，第 1—18 頁。

② 關於冡字的來源，目前尚有爭議。有學者認爲甲骨文中的🔲是冡的初文。參孫常敘：《釋🔲🔲——兼釋各云、般🔲》，《古文字研究》第十五輯，中華書局，1986 年；收入《孫常敘古文字學論集》，上海古籍出版社，2016 年，第 1—18 頁。

③ 徐在國、程燕、張振謙：《戰國文字字形表》，上海古籍出版社，2017 年，第 1106 頁。

④ 徐在國、程燕、張振謙：《戰國文字字形表》，上海古籍出版社，2017 年，第 1106 頁。

旁作 （中山王**䜌**鼎,戰國晚期,《集成》2840）的。但這些寫法後世都没有傳承下來。

最字出現比較晚,小篆作 ,秦簡作 （睡虎地秦簡《日書甲種》5）。一從冃,一從月。《説文》冃部字表明,古文字中冃、月無别,且都與帽子之類的東西有關。

冠,商代甲骨文作 （《合集》6947 正）、 （《合集》10976 正）,商代金文作 （《銘圖》210）,①戰國文字作 （包山 2.259）,小篆加寸作 。字下從元,上面所從是帽子之類的東西。冠字變體也有作 （望山 2.49）、 （方足小布,《中國錢幣》1990.3）、 （方足小布,《貨系》1839）者,字下省作兀、人,字上省作 。這些都是過渡形體。

字,郭沫若先生以爲從受、冃聲,受是曼之初文。②他把曼和受看作一個字的不同寫法,認爲二者是初文和後起字的關係。朱德熙先生在郭沫若先生的基礎上,區别曼、受爲兩個不同的字,對受的構形作了嚴密的考證。他指出受即尋字,見於《廣雅·釋詁四》,在撋、頴、圛等字中作偏旁。③戰國晉系文字中既有鄝又有鄾（鄡）,前者爲趙國貨幣,後者爲魏國貨幣,分别表示不同的地名,④這可以證明朱先生的處理是很正確的。

---

① 此字一般釋兔或冕（參鄔可晶:《説"尋"、"曼"》,《中國典籍與文化論叢》第三十一輯,鳳凰出版社,2025 年）,實際上應釋爲冠,分析爲從冃從元作。早期文字中,人形站立或跪坐有時候無别。

② 郭沫若:《卜辭通纂》,科學出版社,1983 年,第 154 頁背 726 片釋文。

③ 朱德熙:《古文字考釋四篇》,《古文字研究》第八輯,中華書局,1983 年;收入《朱德熙古文字論集》,中華書局,1995 年,第 151—156 頁。

④ 湯志彪編著:《三晉文字編》,作家出版社,2013 年,第 978—980 頁。

 　　⬚字應分析爲上形下聲，⬚是形符，⬚是聲符。聲符的上面爪形有時可以省略，作⬚（清華簡十四《兩中》48）之形。《説文》把曼解釋爲“從又冒聲”，①就省變結果爲説，不可信。即使單純從音理上説，把冒看作曼的聲符，也是有問題的。② 曼，楚文字資料常用爲冕。如：

 　　上博簡七《武王踐祚》：“武王齋三日，端（端）備（服）曼，逾堂幾（階），南面而立。”曼即用爲冕。③

 　　清華簡八《虞夏商周之治》：“周人弋（代）之用兩，教民以宜（儀），百（首）備（服）乍（作）曼（冕）。”整理報告在注釋中説：“曼，讀爲‘冕’，周冠名。文獻中或作‘弁’‘覍’。《説文》：‘覍，冕也。周曰覍，殷曰吁，夏曰收。’”④

 　　郭店簡《成之聞之》：“君袞褻而立於阼，一宫之人不勝其敬。”褻字裘錫圭先生疑當爲褻，讀爲冕。⑤ 褻字原作⬚，從示旁。示旁疑爲系旁省變，字應隸作緶，是曼的加旁字。曼之作緶，猶免（冕）之作統。《説文》統是冕的異體。

 　　上博簡七《吴命》：“又（有）軒轅之賞，或又（有）釜（斧）戉

---

① 許慎撰，徐鉉校定，愚若注音：《注音版説文解字》，中華書局，2015 年，第58 頁。
② 丁福保：《説文解字詁林》卷三下，中華書局，1988 年，第 3454 頁。
③ 馬承源主編：《上海博物館藏戰國楚竹書（七）》，上海古籍出版社，2008 年，第 152—153 頁；趙平安：《上博簡釋字四篇》，《簡帛》第四輯，上海古籍出版社，2009 年，第 205—214 頁。
④ 清華大學出土文獻研究與保護中心編，李學勤主編：《清華大學藏戰國竹簡（捌）》，中西書局，2018 年，第 162、163 頁。
⑤ 武漢大學簡帛中心、荆門市博物館編著：《楚地出土戰國簡册合集（一）·郭店楚墓竹簡》，文物出版社，2011 年，第 76 頁。

（鉞）之懷（威）。"轇,復旦大學出土文獻與古文字研究中心研究生讀書會讀爲冕。① 轇大約本作曼,受軒字影響,類化爲轇。

這樣看來,至少在楚簡中,曼字確實可以表示冕的意思。我們認爲,曼很可能是冕的異體。字上部所從〇顯然象帽子之類的東西。②

從古文字與冠冕有關的字看,冠冕之爲物有兩類寫法,一類如免字所從,象冕之形,中間無橫畫;一類象帽之形,中間作一橫或兩橫。大徐本《説文》無免字,學者考訂爲《説文》逸字。並置於儿部,解釋爲:"子脱胞也。從二儿:上儿,母也;下儿,子也。從也省。"③雖極盡巧思,但解説並不可靠。《説文》區別冂和冃爲兩個不同的字,分別解釋爲"重複也。從冂、一"和"小兒蠻夷頭衣也。從冂;二,其飾也"。並將其列爲部首,分別統轄屬字。④ 冂部所屬的三個字——同、青、冢,其中兩個本來都不從冂。同字所從冂是宋代以來一直稱爲"瓹"的器物的象形字。⑤ 青是殷的左半部分,一般認爲是某種樂器的象形。只有冢是個例外。冃部統轄四個字——冕、冑、冒、最,所從都與帽子之類的物件有關。《説文》把冠字放在冖部,雖然有晚出極簡

---

① 復旦大學出土文獻與古文字研究中心研究生讀書會:《〈上博七・吳命〉校讀》,復旦大學出土文獻與古文字研究中心網,2008 年 12 月 30 日。

② 趙平安:《"曼"的形音義》,《出土文獻》2018 年第 2 期,第 159—164 頁。

③ 鄭珍:《説文逸字》,王鍈、袁本良點校:《鄭珍集・小學》,貴州人民出版社,2001 年,第 85—86 頁。

④ 許慎撰,徐鉉校定,愚若注音:《注音版説文解字》,中華書局,2015 年,第153 頁。

⑤ 王子楊:《甲骨文字形類組差異現象研究》,中西書局,2013 年,第 198—241 頁。

之形（如戰國貨幣文字）作爲支撐，但並不合乎構形本義，實在是一種誤解。小篆的冠，應該是冃和元共用筆畫，仍然應當放在冃部爲宜。曼字《説文》放在又部，根據我們的理解，還是放在冃部爲好。

從已知的與冠冕有關的古文字字形看，古文字冠冕象形的特點是：口一律朝下。這和考古發現的冠冕、文獻記載的冠冕是一致的。而覓字上部 ⿰、⿰、⿰、⿰、⿰ 的特點是，口朝上。前者便於冠戴，後者爲了盛物。判然有別。《説文》："覓，冕也。"段玉裁注："《士冠禮·記》曰：周弁、殷冔、夏收。鄭曰：弁名出於槃。槃，大也，言所以自光大也。冔名出於幠。幠，覆，言所以自覆飾也。收，言所以收斂髮也。"[1]對弁、冔的語源追索，很好地反映了作爲帽子的特點。

中國古代的冠冕，名實關係複雜，經歷了從簡單到繁複，從實用到禮儀化的發展過程。前人論述極多，可以參看。[2]

比較早的與冠冕有關的圖像資料，是半坡人面紋上的尖狀帽，臨潼鄧家莊出土陶塑人像所著帽，[3]分別作下圖（圖一）之形。

---

① 段玉裁：《説文解字注》，上海古籍出版社，1981 年，第 406 頁。
② 沈從文：《新石器時代的繪塑人形和服飾資料》《商代墓葬中的玉、石、陶、銅人形》《周代雕玉人形》，《中國古代服飾研究》，商務印書館，2011 年，第 19—38、49—56、57—64 頁；孫機：《進賢冠與武弁大冠》《從幞頭到頭巾》《明代的束髮冠、鬏髻與頭面》，《華夏衣冠——中國古代冠飾文化》，上海古籍出版社，2016 年，第 38—70、85—112、224、263 頁；孫機：《漢代物質文化資料圖説（增訂本）》，上海古籍出版社，第 2011 年，第 265—268 頁。
③ 沈從文：《中國古代服飾研究》，商務印書館，2011 年，第 20、31 頁。

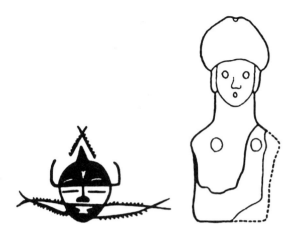

圖一　古陶器上的冠冕

殷墟婦好墓所出的石人,①其所著冕如下圖(圖二)之形。

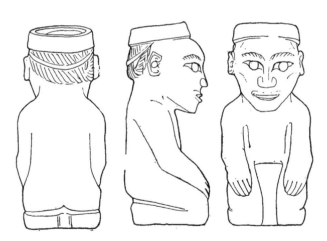

圖二　婦好墓所出石人

①　中國社會科學院考古研究所編著:《殷虛婦好墓》,文物出版社,1980 年,第
　　153 頁。

實際上所著冠冕也是筒形的,只是無頂子而已。文字起源於圖畫,實物圖像資料所反映的情形和文字所反映的情形也是一致的。

漢字屬於表意文字。其實表意文字系統所造的象形字情況大多如此。以納西東巴文而言,跟帽子有關的字見下。

ku˧mu˩,又 t'o˧o˧。帽也,斗笠也。

p'y˧ly˧na˩。黑氈帽也,從帽黑。

sɿ˧p'ər˩ku˧mu˩。白氈禮帽也。(《納西象形文字譜》270 頁)

k'a˩ku˧mu˩。王帽也,尖頂、插羽。

da˧hɯ˩ku˧mu˩。法帽也,鐵冠,插猳剌及雉尾,東巴開喪超薦時戴之。

ts'ɿ˧pa˧ku˧mu˩。山羊皮禮帽也,唱挽歌時戴之。

la˧sa˩p'y˧ly˧。超薦父母時嗣子所戴之帽也。

mu˧kuə˩。胄也,盔也。又作 、、。(《納西象形文字譜》271 頁)

基本上都是以象形的方式呈現,雖然帽檐有上翹的,但其實都是口朝下的。[1]

---

[1]　方國瑜編撰,和志武參訂:《納西象形文字譜》,雲南人民出版社,1981 年,第 270—271 頁。

陳劍先生在討論"兜"字時指出：

　　與之結構方式最爲相類者，可以舉出楚文字多見的"覍（弁）"字![字形]。其形應分析作"從儿（人）從占聲"，應即爲冠弁之{弁}所造；但恐不能如一般看法那樣將其説爲"象人戴弁形"的圖形式表意字，因其上部的"占"與"冠弁"形斷難合。古文字中的"占"類形構件，其來源實頗爲複雜；![字形]字中的"占"，應即研究者已指出的係"畚"字初文者（"粵"字亦以之爲聲符）。![字形]係形聲結構，但"占"形位於人形頭部，可以幫助表意，此與![字形]形可謂如出一轍。①

陳劍文中提到的把![字形]分析爲"從儿（人）從占（畚）聲"的説法，確實比過去分析爲"象人戴弁形"要好。如上文所論，![字形]、![字形]、![字形]、![字形]、![字形]不能釋爲覍（弁）。把占分析爲畚聲，雖然不太直接，但結論也許是正確的。

　　分析起來，此説至少有兩大理據。

　　《説文》："![字形]，䈰屬，蒲器也，所以盛穜。從甾弁聲。"睡虎地秦簡《秦律十八種》簡 64："官府受錢者，千錢一畚，以丞、令印印。"畚是一種盛器，功能是比較廣泛的。據《説文》，可以把畚字

---

① 陳劍：《據天回簡"筦"形補説"兜"字源流》，《中國文字》2024 年夏季號，萬卷樓圖書股份有限公司，2024 年，第 18 頁。

所從所謂甾看作畚的初文，①這是理據之一。我們知道，畚字出現很晚，最早見於秦文字。如秦簡作 ▨（睡虎地秦簡《秦律十八種》64）、馬王堆漢墓帛書作 ▨（《養生方》37）之形。《說文》中從弁的字也都出現得很晚，昇、抃、閞、坌、畚都是如此。目前看來，這些字都不見於戰國文字。有兩個過去以爲從弁的字，實際上都是基於誤解。一個見於太歲鬭兵戈（戰國晚期，《集成》11063），作 ▨。由於戰國時一般的鬭作 ▨（郭店簡《語叢三》42）、▨（上博簡九《卜書》1）之形，太歲鬭兵戈鬭字所從弁宜看作廾和“＝”的變體。戰國文字門字中常加“＝”爲羨符，作 ▨（上東門，《璽彙》170），而“＝”兩筆連在一起很容易形成圓圈形。情形有點像 ▨（洹子孟姜壺，春秋晚期，《集成》9729）作 ▨（上博簡二《容成氏》18）。＝變爲 ○，再在中間加一橫。反向的例子也有把 ○ 寫成＝的。如 ▨（作冊睘卣，西周早期，《集成》5407）寫作 ▨（清華簡十四《兩中》34）。另一個是釋爲綷的異體（《說文》以爲緣的籀文），作 ▨ 之形。② 在戰國楚文字中，緣的異體一般作 ▨（郭店簡《緇衣》18）、▨（清華簡五《封許之命》簡6）、▨（上博簡一《緇衣》10）之形，與 ▨ 字相差甚遠。即便與《說文》緣的或體作 ▨（實際上是籀文）相比，形體也相差甚遠。這個字是否緣的異體有很大疑問。羅小華研究員認爲是紙字，是有可能

---

① 李聰：《戰國簡帛資料與甲骨文字考釋》，清華大學博士論文，2021年，第241頁。

② 李天虹主編：《湖北出土楚簡五種（貳）》，文物出版社，2024年，第79、106—107頁。

的。但仔細比較,字的右邊上部比一般寫法的共字還是少了一橫。還有釋爲別的字的可能。目前見到的最早的弁字見於《秦印文字彙編》①168"弁胡",作爲姓氏使用。另馬王堆漢墓帛書出現較多,見於《五十二病方》的有:

> 以臟膏弁(行 21)
>
> 以其汁弁之(行 319)
>
> 以雞卵弁兔毛,傅之(行 320)
>
> 以麄膏弁,傅之(行 362)
>
> 冶烏喙,炙羖脂弁,熱傅之(行 364)
>
> 以麄臟膏殽弁,以[傅]痏(行 365)
>
> 脂弁之(行 421)

見於《養生方》的有:

> 已,而以邑棗之脂弁之,而以塗布巾(行 79)

　　《長沙馬王堆漢墓簡帛集成》第五册《五十二病方》行 21 下注:"弁,在帛書醫書中義爲調和,疑即後世的拌字。"②此注與原整理者的注釋完全一致,③表明學界在此問題上已形成比較穩定

---

① 許雄志主編:《秦印文字彙編》,河南美術出版社,2001 年,第 168 頁。
② 湖南省博物館、復旦大學出土文獻與古文字研究中心編纂,裘錫圭主編:《長沙馬王堆漢墓簡帛集成(伍)》,中華書局,2014 年,第 219 頁。
③ 馬王堆漢墓帛書整理小組:《馬王堆漢墓帛書(肆)》,文物出版社,1985 年,釋文注釋第 29 頁。

的意見。① 弁字作 、、、、、、、之形,下面從廾,上面從一圓點。從弁字早期構形和用法看,弁很可能就是表示調和義的"拌"的本字,象兩手調和之形。引申也可以表示揉搓的意思。從文獻看,拌字出現較早,漢代以前主要用爲捨棄、分開、剖割等義,其調和義至唐宋時才出現。它的本義應該就是捨棄的意思。分開、剖割義是通"判"的結果。調和義是通"弁"的結果。拌是元部幫母字,弁是元部並母字,古音很近。文獻中弁通變,也有變、半兩聲字相通的例子。睡虎地秦簡《封診式》簡85:"甲到室即病復(腹)痛,自宵子變出。"《秦簡牘合集》:

> 變,整理者:《説文》:"娩,婦人污也,……漢律曰:'見娩變,不得侍祠。'"《玉篇》:"娩,婦人污,又傷孕也。"桂馥《説文解字義證》指出"傷孕"就是小産,因此本條的變出或變義即流産。②

① 近來有學者把這裏的弁字讀爲"抃",意謂兩手相拍或相搓,將藥製成餅狀或丸狀。參見晁福林:《説〈五十二病方〉的"弁"——兼論關於疥蟎的最早記載》,《簡帛》第二十四輯,上海古籍出版社,2022年,第117—123頁。從文獻中抃的使用來看,主要表示兩手相拍相擊,與製造中藥的方法似乎相差較遠。
② 武漢大學簡帛研究中心、湖北省博物館、湖北省文物考古研究所編,陳偉主編:《秦簡牘合集》壹上,武漢大學出版社,2014年,第314—315頁。

《封診式》簡 90："某賞(嘗)懷子而變,其前及血出如甲□。"
用法相同。可見,弁、半兩聲字間接相通。

後世弁的從一長方塊的寫法如 ![圖](弁疾,《秦漢印章封泥文字編》①765 頁,共收 9 例,皆用爲姓氏),從一橫的寫法如 ,都是由圓點變過來的。《説文》中或體 ![圖] 的寫法,不見於秦前實際行用的篆文,應是《説文》成書以後,傳抄刊刻過程中形成的寫法。其形成的具體時間,很可能在卞字出現之後。篆書 ![圖] 往往變成一點一橫:

![圖]一高　　　　![圖]一亯

![圖]一京　　　　![圖]一亯

![圖]一冋　　　　![圖]一衣

![圖]一六　　　　![圖]一立

卞上面是一點一橫,諳熟篆文的好事者還原成篆文就成了 ![圖]。好事者的這種改造當然是有原因的,作爲表示冕的覓的異體,秦漢實際行用的文字只作 ![圖]、![圖] 之形,實在看不出跟冕之間的聯繫。把一點一橫改造成 ![圖],就和冕聯繫起來了。高、亯、京、亯所從 ![圖] 象建築物的屋頂,和 ![圖]、所從象形冕相似, ![圖] 容易讓人跟冕產生聯想。段玉裁注" ![圖] 象上覆之形",②就是產生了類似的聯想。

───────────

① 趙平安、李婧、石小力:《秦漢印章封泥文字編》,中西書局,2019 年,第 765 頁。
② 段玉裁:《説文解字注》,上海古籍出版社,1981 年,第 406 頁。

📷、📷對應後世隸楷的弁和卞字。據魏宜輝、李雨萌最新研究，"卞"形出現於東漢前後，而"弁"形的出現則要晚至約後趙時期，是隸書楷化的結果。[1] 由此可見字形演變的複雜性。現在看，《説文》把📷置於覍下，應該是同音通用的結果。北大漢簡《反淫》簡43："於是處閑靜之宫，冠弁以聽朝。""冠弁"一詞，楚簡作"冠覍"，弁、覍通用。因爲覍的本義已經不顯，而弁、覍二字常通用，許慎就把這兩個字當作一個字來處理了。

　　覍的籒文📷，《説文》："籒文覍從廾，上象形。"[2]上面從📷，即冠冕，下面從廾，段玉裁注："從廾者，敬以承之也。"[3]按許慎的説法，字象兩手恭恭敬敬端著帽子。後世學者多從此説。把甲骨文、金文共釋爲覍者，也都是基於這種的理解。可是這個字形除見於《説文》，並没有實際行用過。從它構形的緜字或體📷，也没有實際行用過。關於它的來源，説不大清楚。過去我們懷疑它是古文覍的訛變，但現在所見到的古文没有一個寫作與它類似的。形體之間也找不到内在的必然的聯繫。訛變説並不可取。這個字許慎明確説它是籒文，因此我們應從秦系文字來探求來源。我們認爲，它很可能是從秦系的📷類推出來的。推導的依據與古文字中以下諸例相似：

　　📷（大克鼎，西周晚期，《集成》2836）—📷（睡虎地秦簡《日

---

[1]　魏宜輝、李雨萌：《"卞"字構形補議》，《語言科學》2024年第2期，第217—224頁。

[2]　許慎撰，徐鉉校定，愚若注音：《注音版説文解字》，中華書局，2015年，第174頁。

[3]　段玉裁：《説文解字注》，上海古籍出版社，1981年，第406頁。

書甲種》158 背）—🐛（《說文》小篆）

　　🐛（清華簡五《封許之命》6）—🐛（《說文》小篆）

　　🐛（《秦漢印章封泥文字編》74 頁）—🐛（《說文》小篆）

　　🐛（《秦漢印章封泥文字編》1049 頁）—🐛（《說文》小篆）

容庚先生《金文編》恩下說："囟當是●之變形。"①確實，小篆
系統中的恩和從恩的字原本都是從●的，後來成系統地改變
爲囟。其中有的中間環節作☷（《秦漢印章封泥文字編》
1049 頁🐛所從），足見原來不是從囟，只是單純的形變，從
囟是進一步聲化的結果。把🐛改爲囟和把●改爲囟情形
相似。

　　可見，🐛字上面部分跟冠冕應該沒有關係。漢字系統中的
冠冕之象也沒有寫作囟形的。

　　畚字從弁聲，已爲通假材料所證明。馬王堆帛書《養生方》
行 37："到春，以牡鳥卵汁畚（弁），完（丸）如鼠矢，陰乾。"畚用
爲弁。②

　　由此看來，據許慎畚字從甾弁聲，推定甾相當於卣，是它的
本字，其成字過程在象形基礎上加聲符弁，邏輯上是沒有問題
的。只是中間跨度太大。

　　《說文》："粤，亏詞也。从亏从由。或曰粤，俠也。三輔謂輕

---

① 　容庚編著，張振林、馬國權摹補：《金文編》，中華書局，1985 年，第 692 頁。
② 　湖南省博物館、復旦大學出土文獻與古文字研究中心編纂，裘錫圭主編：
　　《長沙馬王堆漢墓簡帛集成（陸）》，中華書局，2014 年，第 42 頁。

財者爲粤。"①學者或把粤分析爲從丂卣聲的形聲字,②這是理據之二。粤是耕部滂母字,畚是文部幫母字,聲母幫滂同爲脣音,韻部文耕多通假、替換、通轉之例,二字古音確實比較近。③ 但粤字學界一般分析爲會意字,不能確定上面部分就是聲符。即使看作聲符,也還有多種可能性,卣爲畚只是其中的可能性之一。

　　總而言之,覓字上面所從卣不大可能是帽子的象形。但是否就是像某些學者所説的象畚之形,還需要通過其他方式加以進一步的論證。

---

① 許慎撰,徐鉉校定,愚若注音:《注音版説文解字》,中華書局,2015 年,第96 頁。

② 學者把粤字所從看作聲符,但理解又各不相同。如馬敍倫:《説文解字六書疏證》,科學出版社,1956 年,卷九第 70—71 頁;連劭名:《甲骨文字考釋》,《考古與文物》1988 年第 4 期,第 38—43 頁;張宇衛:《甲骨卜辭戰爭刻辭研究》,臺灣大學博士論文,2013 年,第 90—91 頁。

③ 關於文耕兩部的關係,可參看趙平安:《釋清華簡〈命訓〉中的"耕"字》,《深圳大學學報(人文社會科學版)》2015 年第 3 期,第 34—37 頁。

第四章
兇字上部所從釋爲冠冕的原因

《説文·兒部》："![字形],冕也。周曰覍,殷曰吁,夏曰收。從兒,象形。![字形],籀文覍從廾,上象形。![字形],或覍字。"①這個説解幾乎在明確告訴我們,覍的篆文正體(字頭篆文)、籀文、小篆或體,字上都是冕的象形。從古至今,學者們對覍的理解都遵從《説文》,幾乎没有什麽異議。過去人們之所以把戰國文字中覍所從![字形]、![字形]、![字形]、![字形]、![字形]釋爲冠冕,主要是受到《説文》覍字説解的影響。而《説文》覍字的説解應該和戰國文字中覍字用爲冠冕,且形體酷似人戴冠冕有關。這個問題,我們可以結合上博簡二《容成氏》中覍的釋讀來談。

上博簡二《容成氏》談到武王伐紂時説:

武王乃出革車五百乘,帶甲三千,以少(小)會者(諸)侯之師於牧之野。受(紂)不智(知)其未有成正(政),而得失行於民之唇也,或(又)亦起師以逆之。武王於是虖(乎)素晃(冠)堯(冕),以告吝於天,曰:"受(紂)爲亡(無)道,聞(昏)者(屠)百青(姓)。至(桎)約者(諸)侯,絶穜(種)侮青(姓),土玉水酉(酒),天將

---

① 許慎撰,徐鉉校定,愚若注音:《注音版説文解字》,中華書局,2015 年,第174 頁。

誅安（焉）。吾𢼄（勵）天畏（威）之。”（簡 51—53）

除“冐（冠）弁（冕）”外，其他釋文已根據各家意見擇善而從。[①]“冐（冠）弁（冕）”之釋，是整理者李零先生的意見。[②]

“冐（冠）弁（冕）”原簡作：。前一字從冃從元、元亦聲，[③]是冠字，没有分歧。後一字李零先生隸作弁，分析爲“從弁從元”，括注爲冕。[④]黄德寬先生認爲：“當讀‘弁’，從‘元’乃蒙‘冠’字而類化訛變。”[⑤]《上海博物館藏戰國楚竹書（一～五）文字編》則直接把它放到冕下。[⑥]字構形特别。諸位先生雖有所關注，但都只是點到爲止。究竟應該如何分析，需要做進一步的討論。

我們注意到，在望山二號墓所出楚簡中，筦（笲）字作：

望山 M2.35　　望山 M2.48

《容成氏》“冐（冠）弁（冕）”的弁字和此字下面所從寫法相

---

① 釋文主要參考陳劍《容成氏校釋》，北京大學《儒藏》編纂與研究中心編：《上海博物館藏楚竹書十九種校釋》，北京大學出版社，2024 年，第 390—395 頁。

② 馬承源主編：《上海博物館藏戰國楚竹書（二）》，上海古籍出版社，2002 年，第 291—292 頁。

③ 季旭昇：《説文新證》上册，藝文印書館，2004 年，第 613 頁。

④ 馬承源主編：《上海博物館藏戰國楚竹書（二）》，上海古籍出版社，2002 年，第 292 頁。

⑤ 黄德寬：《〈戰國楚竹書（二）〉釋文補正》，《學術界》2003 年第 1 期，第 83 頁。

⑥ 李守奎等：《上海博物館藏戰國楚竹書（一～五）文字編》，作家出版社，2007 年，第 380 頁。

近(一個從元,一個從兀,元、兀爲一字之分化。詳下文),顯然應當是同一個字。因此望山楚簡中的筭字可以看作是釋讀堯的關鍵。

除望山楚簡的這類寫法外,筧(筭)字還有下面一些寫法:

長臺關 M1.2.13　長臺關 M1.2.13　長臺關 M1.2.9

包山 M2.256　包山 M2.259　包山 M2.264

包山 M2.1　包山 M2.24　包山 M2.258

包山 M2.258　包山 M2.258

筧(筭)字所從和單獨使用的兒一樣,形態都比較豐富。

單獨使用的兒可參看下列諸形:

郭店簡《五行》32　　郭店簡《五行》21

郭店簡《性自命出》32　　郭店簡《性自命出》33

郭店簡《性自命出》43　　上博簡一《孔子詩論》8

上博簡一《孔子詩論》22　　上博簡一《性情論》20

上博簡八《有皇將起》4　　上博簡四《內禮》7

上博簡四《柬大王泊旱》6　　上博簡四《柬大王泊旱》21

上博簡五《三德》10　　　　上博簡五《三德》5

上博簡五《競建内之》1　　　上博簡八《成王既邦》11

上博簡八《有皇將起》4　　　上博簡二《從政甲》17

清華簡一《保訓》6　　　　　清華簡三《芮良夫毖》7

清華簡五《三壽》11　　　　　清華簡七《越公其事》62

清華簡八《邦家之政》7　　　　清華簡十一《五紀》51

清華簡十一《五紀》89　　　　清華簡十一《五紀》99

清華簡一《金縢》10　　　　　包山 M2.240

包山 M2.245　　　　　　　　長臺關 M1.2.7

曾侯乙 155　　　　　　　　　曾侯乙 156

戰國玉璜箴銘①

曾侯乙 155、156 中的覓，中部有一顯眼的橫畫，應是類似侯馬盟書覓中的飾筆。

　　從單獨使用的覓字和筧字所從偏旁看，覓下本從“又”，“又”

---

① 裘錫圭：《戰國文字釋讀二則》，《于省吾教授百年誕辰紀念文集》，吉林大學出版社，1996 年，第 154—158 頁；李學勤：《釋戰國玉璜箴銘》，《于省吾教授百年誕辰紀念文集》，吉林大學出版社，1996 年，第 159—161 頁。

訛變爲"人",是很明顯的。值得注意的是,有的異體還保留了由
"又"到"人"演變的過渡形態。[1]　"又"由兩個弧筆構成,當兩個
弧筆拉得比較直(或其中一個拉得比較直),並且"有一搭無一
搭"(搭得隨意,不到位)時,就成了人形。

　　又和人混訛,除兜字和笈可以自證外,還有不少實際例證。
如金文中"又"往往變成"人":

　　(攸簋蓋,西周早期,《集成》3906)—(攸簋器,西周早
期,《集成》3906)

　　(格伯簋,西周中期,《集成》4262)—(格伯簋,西周
中期,《集成》4265)

　　(司寇良父壺,西周晚期,《集成》9641)—(虞司寇伯
吹壺,西周晚期,《集成》9695)

　　(公作敔簋,西周中期,《中原文物》2001 年 3 期封二.1)—
(敔簋,西周早期,《集成》3827)

　　(姬寏母豆,西周晚期,《集成》4693)—(徐王子旃
鐘,春秋晚期,《集成》182)

　　戰國時期,"人"也可以寫作"又",如:

　　(郭店簡《成之聞之》25)作(九店 56.114)

　　(上博簡六《孔子見季桓子》5)作(鄂君啟節,《集成》

---

① 　趙平安:《釋甲骨文中的和》,《文物》2000 年第 8 期,第 61—63 頁;《釋
　　楚國金幣中的"彭"字》,《語言研究》2004 年第 4 期,第 35—37 頁;《從尋字
　　的釋讀談到尋族的來源》,《中國文字學報》第一輯,商務印書館,2006 年,第
　　92—99 頁。

12113）

　　（上博簡二《容成氏》22）作（鄂君啟節，《集成》12113）人、又互訛，東西周都有，時間跨度很大，屬於書寫的自然遺迹。這樣看來，我們過去指出覍中"人"是"又"的訛形的説法應該是正確的。①

　　從"人"寫法的覍，在實際行用的戰國文字中，用例並不多，既可表示"變化"等意思，也可表示"冠冕"等意思。前者如戰國玉瑛箴銘"上下動，相合和同"，用爲變，②後者如清華簡一《金縢》簡9—10"邦人［大恐，王□］（弁），大夫端，③以啟金縢之匵"，用爲弁。④ 字底下從人，字又表示冠冕，所以《説文》解釋爲"，冕也。周曰覍，殷曰吁，夏曰收。從兒，象形"。⑤ 從字形和用法來看，《説文》的解釋是有一些依據的。

　　但這並不意味著《説文》的解釋就是正確的。我們認爲，判定一個字的解釋是否正確，最根本的，要看是否符合它的字源。

---

① 　趙平安：《釋甲骨文中的和》，《文物》2000 年第 8 期，第 61—63 頁；《釋楚國金幣中的"郢"字》，《語言研究》2004 年第 4 期，第 35—37 頁；《從尋字的釋讀談到尋族的來源》，《中國文字學報》第一輯，商務印書館，2006 年，第 92—99 頁。

② 　裘錫圭：《戰國文字釋讀二則》，《于省吾教授百年誕辰紀念文集》，吉林大學出版社，1996 年，第 154—158 頁；李學勤：《釋戰國玉瑛箴銘》，《于省吾教授百年誕辰紀念文集》，吉林大學出版社，1996 年，第 159—161 頁。

③ 　端字，原作綴，讀爲端，此從復旦讀書會的隸定和陳劍的釋讀。參看復旦讀書會：《清華簡〈金縢研讀〉劄記》及其跟帖，復旦大學出土文獻與古文字研究中心網，2011 年 1 月 5 日。

④ 　清華大學出土文獻研究與保護中心編，李學勤主編：《清華大學藏戰國竹簡（壹）》，中西書局，2010 年，第 158、161 頁。

⑤ 　許慎撰，徐鉉校定，愚若注音：《注音版説文解字》，中華書局，2015 年，第 176 頁。

我們熟悉,在古文字裏作偏旁時,"人"和"元"可以通作。如
寇字,是從宀從攴從元的會意字。戰國時期作:

🔲侯馬盟書九六:八　　🔲睡虎地秦簡《日書乙種》130

🔲七年邦司寇矛　　🔲《陶彙》4.50

🔲《璽彙》86　　🔲《璽彙》69

又如冠字,是從冃從元,元亦聲的字,戰國時期作:

🔲包山 2.259　　🔲包山 2.264

🔲《璽考》148 頁　　🔲《貨系》1839

寇和冠中,元可以變成兀,變成人。參照寇和冠看,望山簡笓字所
從兒把下面的"人"形寫作"兀"(這類"兀"字的形態,和望山
M2.49、61、62,包山 M2.263、264 冠所從"兀"相同),是完全可以理
解的。而且由於"兀"和"元"形音義俱近,係一字分化,[1]從"兀"
和從"元"相同,所以《容成氏》中的堯應該徑直隸作兒。

兒字下部的演變應是從又到從人,某些變體又從人到從元
或兀。

兒和冕(免是冕的象形初文,冕是免的增累字,是在"免"的
基礎上累加"冃"形)來源不同,是不同的兩個字。但它們韻部相
同,聲紐發音部位相同,都有帽子的意思,王力先生把它們看作

---

①　何琳儀:《戰國古文字典》下冊,中華書局,1998 年,第 1015 頁;季旭昇:《説
文新證》上冊,藝文印書館,2004 年,第 30—31 頁。

同源字。① 古書中，覓和冕也有不少通用的例證。② 因此覓和冕可以認爲是同源通用字。這樣看來，整理者把堯括注爲冕，有一些道理。但覓、冕畢竟是不同的字，冠覓和冠冕畢竟是不同的詞（古書既有冠覓又有冠冕），不能簡單加以認同，更不能混爲一談。特別是從文字演變的角度看，把🀄隸作堯，完全不足取。應該直接隸作覓，理解爲表示帽子的覓。

"冠覓"即古書中的"冠弁"。《周禮·春官·司服》："凡甸，冠弁服。""凡兵事，韋弁服。"依《周禮》，兵服和田服有別，這反映的大概是後世的制度。在武王伐商的時代，情況恐未必如此。由於田獵和軍事關係密切，在早期階段，田服和兵服應該是合一的，田服即兵服，兵服即田服。因此，周武王著"素冠弁"出征是完全可以理解的。《吕氏春秋·上農》："庶人不冠弁。"高誘注："弁，鹿皮冠。《詩》云：'冠弁如星。'"對這個冠弁，歷來爭議頗多。③ 實際上，它和《周禮》的冠弁一脈相承。大約後來冠弁由田獵和軍事用途演變爲貴族使用的東西。

上博簡《容成氏》這類冠、覓連用的例子，在出土文獻中並非個案。上博簡九《邦人不稱》也有，《邦人不稱》簡8—9："都（蔡）大祝肯（止），須邦君加冕（冠）覓爲備（服）。"④ 只是這個🀄（簡

---

① 王力：《同源字典》，商務印書館，1982年，第582頁。

② 高亨纂著，董治安整理：《古字通假會典》，齊魯書社，1989年，第155頁。

③ 王利器：《吕氏春秋注疏》第四册，巴蜀書社，2002年，第3058頁。

④ 原整理報告誤爲"得"，參馬承源主編：《上海博物館藏戰國楚竹書（九）》，上海古籍出版社，2012年，第254頁。此從汗天山改釋，海天遊蹤：《邦人不稱劄記》24樓評論，武漢大學簡帛網，2013年1月6日。

9) 不從人,而是從又作而已。

　　上博簡二《容成氏》![字形]、清華簡一《金縢》![字形]這類例子,不僅印證了覓確實用來表示帽子的意思,而且由於它跟"冠"連用,受其影響,覓字形有的已顯示出被類化的迹象。當覓字下面變爲"人""兀"或"元"以後,整個字形就是人形頂著一個東西,很容易引導人們從象形的角度來理解整個字形,把字上部分理解爲帽子之形。

　　不過由於同時期的"冠覓"的覓仍或作,而也可以用爲變、可以用爲繁、可以用爲慢,加之年代較早的侯馬盟書(春秋晚期)和西周金文尚未出現下部從人的寫法,把覓下人形看作又的省變應是目前最合理的看法。

　　綜合上面的論證,我們知道把覓字上部所從釋爲冠冕的原因是多方面的,至少包括覓用爲冠冕,冠弁連用,覓下面演變爲人形,整字呈象形字的狀態。前者是用法層面的,後者是字形層面的。這些條件在戰國時期就已存在,這才有了《説文》那樣的解釋。《説文》的解釋是經歷了一個積澱的過程,逐漸形成的。《説文》這類解釋還有很多,深層背景是很值得深入發掘的。

第五章
兒字上部所從應是箅的本字

在侯馬盟書裏,常見"……而敢或覓改助及乓（奐）"的文例,覓字形態豐富,可以寫作:

　覓一：二一（2）　　覓一：八七（2）　　覓一六：三三（4）

　覓一六：三六（4）　覓一：一四（1）　　覓二〇〇：二八（3）

　覓三：一二（3）　　覓九二：三（1）

之形。古文字中又下往往加飾筆變成所謂寸,因此從又和從寸的寫法可以加以認同,上面兩種寫法可以看作一個大類。其中所從又或寸都可以省略,作:

　覓五〇：一（2）　　覓一六：二九（4）

之形。

侯馬盟書中的覓字還有一種在字中或字下加羨符兩橫或一橫的寫法:

　覓二〇〇：四九（3）　覓二〇〇：三九（3）　覓一六：一一（3）

　覓一：六七（2）　　覓一：三四（2）　　覓一：三四（2）

　覓三：一（2）　　　覓二〇〇：四十（3）　覓三：九（2）

□一：六三(2)　　□一：五七(3)　　□一：八五(2)

這些寫法,也可以省掉又或寸,作

□一五六：一七(2)　　□一六：二七(4)　　□一：四〇(2)

□七七：一六(2)　　□一五六：一六(2)

之形。字下的兩橫或一橫是後加的羨符,只是在省略時,附著在上半部分了。

　　在西周金文中,也有類似的情形,見於師酉簋(共四件,《集成》4288—4291,西周中期)和詢簋(《集成》4321,西周中期晚段):

　　佳(唯)王元年正月,王才(在)吳,各(格)吳大(太)廟。公族瑪(鴻)釐入右師酉,立中廷。王乎(呼)史牆册命:師酉,嗣(嗣)乃且(祖)啻(嫡)官邑人、虎臣:西門尸(夷)、彙尸(夷)、秦尸(夷)、京尸(夷)、弁瓜尸(夷)、新。易(錫)女(汝)赤市(韍)、朱黃(衡)、中絲(絲)、攸(鋚)勒。敬夙夜勿灋(廢)朕令(命)。師酉拜頴(稽)首。對揚天子不(丕)顯休令(命),用乍(作)朕文考乙白(伯)、宄姬尊殷(簋)。酉其萬年子=(子子)孫=(孫孫)永寶用。(師酉簋)

　　王若曰:詢!不(丕)顯文、武受令(命),則乃且(祖)奠周邦,今余令(命)女(汝)啻(嫡)官嗣(司)邑人,先虎臣後庸:西門尸(夷)、秦尸(夷)、京尸(夷)、彙

尸（夷）、師佘、側新（薪）、□華尸（夷）、兇狐尸（夷）、酘
人、成周走亞、戍秦人、降人、服尸（夷），易（錫）女（汝）
玄衣黹屯（純）、䋣（緇）市（韍）、同（銅）黃（衡）、戈琱
戚、歇（緱）必（柲）、彤沙（緌）、䜌（鑾）旂、鋚勒，用事。
詢頓（稽）首，對揚天子休令（命），用乍（作）文且（祖）
乙白（伯）、凡姬尊殷（簋），詢萬年子＝（子子）孫永寶
用。隹（唯）王十又七祀，王才（在）射日宮，旦，王各
（格），益公入右詢。（詢簋）

很明顯，師酉簋"兇瓜尸（夷）"和詢簋"兇狐尸（夷）"所指相
同。[1] 這已成爲金文研究者的共識。

　師酉簋"兇瓜尸（夷）"如圖。

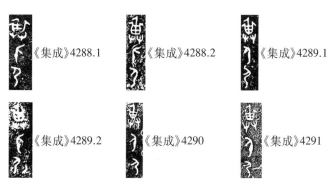

　　　《集成》4288.1　　　《集成》4288.2　　　《集成》4289.1

　　　《集成》4289.2　　　《集成》4290　　　《集成》4291

圖一　師酉簋銘文中的"兇瓜尸（夷）"字形

詢簋"兇狐尸（夷）"如下。

① 陳夢家：《西周銅器斷代》，中華書局，2004 年，第 244 頁。

《集成》4321

圖二　詢簋銘文中的"兑狐尸（夷）"字形

雖然第二字的釋讀尚有爭議，但現在漸趨一致，分別釋爲瓜[1]和狐[2]。師酉簋首字，李家浩先生釋爲弁（兑）。[3] 和侯馬盟書一樣，![img]和![img]也是同一個字的不同寫法，是繁體和省體的關係。

　　2005 年，張長壽先生撰文介紹了一件銘文未經著録的西周青銅器——師酉盤[4]（西周晚期）：

　　　唯四年三月既生霸甲戌，王才（在）吴，各（格）吴大

　　（太）室，公族瑪（鴻）釐入右師酉，立中廷，王乎（呼）牆

　　册命：師酉，嗣（嗣）乃且（祖）啻（嫡）官邑人、虎臣：西

　　門尸（夷）、㣇尸（夷）、秦尸（夷）、京尸（夷）、兑瓜、新。

---

① 涂白奎：《説西周金文中的"狐"字》，《考古與文物》2005 年增刊《古文字論集》三，第 110—112 頁；余少紅：《師酉簋銘文中的"瓜"字》，《華夏考古》2009 年第 1 期，第 141—143 頁；何景成：《論師酉盤銘文中的"弁狐"族》，《中國歷史文物》2010 年第 5 期，第 63—68 頁。

② 涂白奎：《説西周金文中的"狐"字》，《考古與文物》2005 年增刊《古文字論集》三，第 110—112 頁；何景成：《論師酉盤銘文中的"弁狐"族》，《中國歷史文物》2010 年第 5 期，第 63—68 頁。

③ 李家浩：《釋"弁"》，《古文字研究》第一輯，中華書局，1979 年，第 391—395 頁。

④ 張長壽：《師酉鼎和師酉盤》，中國社會科學院考古研究所編：《新世紀的中國考古學——王仲殊先生八十華誕紀念論文集》，科學出版社，2005 年，第 395—401 頁。

> 易(錫)女(汝)赤市(韍)、攸(鋚)勒。敬夙夜勿灋(廢)朕令(命)。師酉拜韻(稽)首,對揚天子不(丕)顯休令(命),乍(作)朕文考宗姬寶般(盤),酉其萬年子=(子子)孫=(孫孫)永寶用。

其中覍瓜作:

之形。何景成先生把它和師酉簋作比較,然後指出:

> 對照這兩篇銘文,可知師酉盤銘文中的〇就是師酉簋銘文中的"弁"。〇應該分析爲兩個字,其上半部即是"弁"字省去一"又"形而成,也當釋作"弁";下半部則和""是同一字。①

何先生的分析很正確。從師酉盤銘文看,弁字所從廾(兩手)可以省作又。這是很重要的過渡形體,證明弁字下部本來是從廾(兩手)的。考慮到《説文》弁的異體(籀文)寫作,下從廾(雙手),古文字中從廾與從又往往無别,師酉簋"弁瓜尸(夷)"首字釋爲弁(覍)應該是没有問題的。

覍瓜(狐)尸(夷)可以讀爲"覍胡夷"。"覍胡"的結構近似

① 何景成:《論師酉盤銘文中的"弁狐"族》,《中國歷史文物》2010年第5期,第63頁。

"林胡"。"林胡"本稱"林人",又稱"林胡"。① 北方和西方少數民族稱胡比我們想象的要早。② 趙武靈王"胡服騎射以教百姓","胡服騎射"是當時國策的高度凝練,必須家喻户曉,這説明戰國中期把北方少數民族稱爲胡已深入人心。"林胡"約存於公元前8世紀至公元前3世紀,"林胡"這一稱呼有可能早到西周時期。西周時期,周人稱自己爲夏,③稱北方和西方民族爲胡是可以理解的。詢簋1959年出土於陝西藍田寺坡村,④傳世漢官印中有"藍田胡監",⑤大概不會是偶然的現象。至於胡的語源,除經常提到的鬍鬚外,還有大、亂等説法。結合詢簋用字看,"狐"的可能性也是很大的。覓應該來源於甲骨文下覓、覓方。辛怡華先生曾引我對甲骨文下覓的釋讀,認爲"覓身(作者注:原來誤釋瓜

① 司馬遷撰,裴駰集解,司馬貞索隱,張守節正義:《史記》卷四十三《趙世家》第十三,中華書局,1959年,第1806頁。

② 王國維先生指出:"我國古時有一强梁之外族,其族西自汧隴,環中國而北,東及太行常山間,中間或分或合,時入侵暴中國。其俗尚武力,而文化之度不及諸夏遠甚。又本無文字,或雖有而不與中國同,是以中國之稱之也,隨世異名,因地殊號。至於後世,或且以醜名加之。其見於商周間者,曰鬼方,曰混夷,曰獯鬻。其在宗周之季,則曰玁狁。入春秋後則始謂之戎,繼號曰狄。戰國以降,又稱之曰胡,曰匈奴。綜上諸稱觀之,則曰戎曰狄者,皆中國人所加之名。曰鬼方曰混夷曰獯鬻曰玁狁曰胡曰匈奴者,乃其本名。而鬼方之方,混夷之夷,亦爲中國所附加。當中國呼之爲戎狄之時,彼之自稱決非如此。"引自王國維:《鬼方昆夷玁狁考》,《觀堂集林》卷第十三史林五,中華書局,1959年,第583—584頁。

③ 李民:《釋〈尚書〉"周人尊夏"説》,《尚書與古史研究(增訂本)》,中州書畫社,1983年,第84—98頁。

④ 段紹嘉:《陝西藍田縣出土弭叔等彝器簡介》,《文物》1960年第2期,第9—10頁。

⑤ 羅福頤主編,故宮研究室璽印組編:《秦漢南北朝官印徵存》,文物出版社,1987年,第378號。

爲身)夷當是居住在今甘肅成縣一帶的夷人”，[1]我也曾撰文論證甲骨文下觅、觅方與金文觅身夷的關係。[2]　下觅、觅方作爲國族名，本只稱觅，因爲是胡的一種，被稱爲觅胡。觅胡後加夷，是一種疊牀架屋式的稱法，是胡、夷稱法泛化的結果。師酉簋中西門夷、鬃夷、秦夷、京夷、觅瓜夷連稱，師酉盤中西門夷、鬃夷、秦夷、京夷、觅瓜夷連稱，詢簋中西門夷、秦夷、京夷、鬃夷連稱，稍後接續觅狐夷。這説明觅瓜就是觅瓜(狐)夷，西門夷、鬃夷、秦夷、京夷、觅瓜(狐)夷相距不會太遠。

京夷的京就是關中的京。《詩經·大雅·公劉》：“篤公劉，逝彼百泉，瞻彼浦原。廼陟南岡，乃覯于京。京師之野，于時處處，于時廬旅，于時言言，于時語語。”下又云“篤公劉，于京斯依”，“篤公劉，于豳斯館”。京與京師相當。馬瑞辰引吳斗南曰：“京，地名。師者，都邑之稱。如洛邑亦稱洛師之類。”[3]鄒衡先生認爲：“此京亦當爲地名，或爲周人的舊居，其地望雖不能確指，但總在陝西、山西一帶。”[4]李學勤先生認爲，此京師之地望，在陝西彬縣東北涇水東岸一帶。屬王時期的多友鼎，記載玁狁“廣伐京師”，武公遂遣多友“羞追于京師”“復奪京師之俘”，此京師即

①　辛怡華：《再論西周金文中的“秦夷”及相關問題》，《秦文化論叢》第九輯，西北大學出版社，2002年，第351頁。

②　趙平安：《從語源學的角度看東周時期鼎的一類別名》，《考古》2008年第12期，第66—70頁。

③　馬瑞辰：《毛詩傳箋通釋》，中華書局，1989年，第907頁。

④　鄒衡：《論先周文化》，《夏商周考古學論集》第一版，文物出版社，1980年；第二版，科學出版社，2001年，第301頁。

在旬邑、彬縣(今陝西省彬州市)一帶。① 宣王時期的克鐘"王親令克適涇東至于京師",克爲王朝官員,其管轄範圍不能遠到晉南,因此這裏的京師很可能在關中東部。② 韓巍根據傳世京叔盤(西周晚期,《集成》10095)"京叔作孟嬴媵般(盤)"等,認爲京亦嬴姓,其地或在關中,近於豳地,即今陝西彬縣、長武附近。③《史記‧殷本紀》:"契爲子姓,其後分封,以國爲姓,有殷氏、來氏、宋氏、空桐氏、稚氏、北殷氏、目夷氏。"《索隱》云:"北殷氏蓋秦寧(憲)公所伐亳王,湯之後也。"④《史記‧秦本紀》:"寧(憲)公二年,公徙居平陽。遣兵伐蕩社。三年,與亳戰,亳王奔戎,遂滅蕩社。"《索隱》:"西戎之君號曰亳王,蓋成湯之胤。其邑曰蕩社。徐廣云一作'湯杜',言湯邑在杜縣之界,故曰湯杜也。"⑤頗疑這裏的亳應是京的訛字。⑥ 則京也可能是子姓,後來被分封到今西安市西南十餘里處的杜城村一帶。

　　關於秦夷,討論極多。但大家似乎都承認,秦夷之秦是地名或族名。具體所指,或以爲指東方之秦,或以爲指西方之秦;或以爲指生活在西方的土著,或以爲指遷徙而來的夷人;或以爲一

---

① 　李學勤:《論多友鼎的時代及意義》,《人文雜誌》1981 年第 6 期;又見《新出青銅器研究(修訂本)》,人民美術出版社,2016 年,第 111 頁。

② 　韓巍:《西周金文世族研究》,北京大學博士論文,2007 年,第 198 頁。

③ 　韓巍:《西周金文世族研究》,北京大學博士論文,2007 年,第 198、232 頁。

④ 　司馬遷撰,裴駰集解,司馬貞索隱,張守節正義:《史記》卷三《殷本紀》第三,中華書局,1959 年,第 109—110 頁。

⑤ 　司馬遷撰,裴駰集解,司馬貞索隱,張守節正義:《史記》卷三《殷本紀》第三,中華書局,1959 年,第 181 頁。

⑥ 　趙平安:《"京"、"亭"考辨》,《復旦學報(社會科學版)》2013 年第 4 期,第87—92、169 頁。

秦兩源。在器物製作之時，或以爲居住在鎬京，或以爲居住在嬴秦故地。較新的綜合討論請參看史黨社《西周金文中的"秦夷"問題》、趙化成《"秦夷"與"戍秦人"辨析——兼論"師酉"與"師詢"諸器的王年歸屬》。[1] 秦夷生活在陝西、甘肅一帶，這是確定無疑的。多數學者認爲秦夷即嬴姓秦人，秦氏爲伯益之後，起源於東方，爲淮夷的一支。[2] 這樣看來，器物製作之時，秦人居住應以西犬丘爲中心，在甘肅禮縣、西河縣一帶。

貗見於善鼎(西周中期，《集成》2820)："唯十又二月初吉辰在丁亥，王在宗周，王各太師宮。王曰：'善，昔先王既令汝左胥貗侯，今余唯肇申先王令，令汝左胥貗侯，監豳師戍，錫汝乃祖旆，用事。'"辛怡華先生指出："善鼎銘文記載周王在大師廟中對善册命，命令他繼續奉行先王之命，輔佐貗侯，監視豳地的'師戍'。大師宮是善的祖廟，善的祖先官爲大師。商周時期貗地有二，一在今山東，一在今寶雞縣以東渭河南岸。山東的薄姑之國已被周公東征時所滅，成爲呂尚封地；況且距豳地太遠，不利於監視。筆者以爲這個貗侯很可能在關中西部，與貗夷有關。岐山賀家周墓出土的榮有司再鼎銘文中，再爲榮地之監(作者注：

---

[1]　史黨社：《西周金文中的"秦夷"問題》，《日出西山——秦人歷史新探》第一章。趙化成：《"秦夷"與"戍秦人"辨析——兼論"師酉"與"師詢"諸器的王年歸屬》，《古代文明》第 16 卷，2022 年，第 79—96 頁。

[2]　徐中舒：《從古書中推測之殷周民族》，原名《殷周民族考》，發表於《國學論叢》1927 年第一卷第一號，後收入《徐中舒論先秦史》，上海科學技術文獻出版社，2008 年，第 1—8 頁。趙化成：《"秦夷"與"戍秦人"辨析——兼論"師酉"與"師詢"諸器的王年歸屬》，《古代文明》第 16 卷，2022 年，第 79—96 頁。

嬴姓），這個臱侯很可能也是嬴姓。"①這是很有見地的看法。

西門夷，史黨社先生認爲以"西"言之，其地望應在岐周以西。②

西門夷、臱夷、秦夷、京夷、兒瓜（狐）夷離得都不算太遠。王輝先生說："師酉簋提到西門夷、秦夷、臱夷、京夷等，而其時'王在吳'。吳既在畿內，則此諸夷必也在周王畿之內。"③這些來源不同的夷人，此時集中在王畿服務。

高西省先生曾對陝西關中西部特別是周原中心區的岐山賀家、劉家、禮村，扶風的美陽、壹家堡、吕宅、北吕、下河，鳳翔的西村及武功的尚家坡、澮沱村，寶雞的下馬營、林家村、鬥雞臺及鱗遊等地出土的具有商代銅器特徵的銅器群研究後，指出關中西部前後兩段商代銅器及遺存的差異是很大的。特別是前段遺存頗具自身特色，既不是商文化又不是先周文化，而應是當地土著文化。④

關中西部的考古學文化也是支持上述說法的。

從西周金文和侯馬盟書看，在西周到東周時期，兒字一直存在繁簡兩種寫法。繁體從廾或又（加飾筆變爲寸），簡體省略廾

---

① 辛怡華：《再論西周金文中的"秦夷"及相關問題》，《秦文化論叢》第九輯，2002年，第354—355頁。

② 史黨社：《秦人早期歷史的相關問題》，《秦文化論叢》第六輯，西北大學出版社，1998年。

③ 王輝：《西周畿內地名小記》，《一粟集——王輝學術文存》，藝文印書館，2002年，第156頁。

④ 高西省：《關中西部出土的商代銅器及相關問題》，《陝西歷史博物館館刊》第五集，西北大學出版社，1998年。

或又,僅存字上部分。

有意思的是,兇的簡體的寫法,東周時期也作爲獨立的構字成分使用。清華簡十《四告》簡 20 ,"原整理者隸作'忿',讀作'變'。網友 ee 認爲可讀爲'變'或'煩'。網友哇那讀爲'褊'。弁、煩,並母元部;變,幫母元部;褊,幫母真部。從音韻關係上,'褊'讀音較遠。'煩'與'弁'聲韻皆同,可理解爲'繁瑣'。'變'與'弁'韻部相同,聲母同爲脣音,可通。簡文此處爲伯禽對神明的祈禱,祭祀時應恭恭敬敬。一般來説,正確的禮儀當是不要改變,禮儀常在改朝換代時改變,太平盛世時禮儀盡量不會改動。如果説伯禽在祈禱時要求'毋煩于儀',即希望禮儀不要那麽繁瑣,這是對神明的不敬。禮儀本來就是繁瑣的,'毋煩于儀'需簡化禮儀,這是不符合常情的。因此此處當讀爲'變',釋爲'變改'。'變改'屬於'過失'的一種,簡文此處當是説伯禽希望自己在禮儀方面没有過失"。[①]

字也見於侯馬盟書九二：二六(2),作之形,"而敢或~改",和《四告》一樣,隸作忿,讀爲變,文從字順。二字字上所從,都是作爲兇的省體出現的。戰國璽印郐作(《璽彙》2233),"郐同",用爲姓氏。曾侯乙墓竹簡 142 騈作,《正字通》："騈,俗駢字。"《説文·馬部》："駢,駕二馬也。從馬,并聲。"[②]郐、駢所從弁也是作爲省體出現的。趙國尖足小布弁作

---

① 　陳文娟:《清華簡(拾)〈四告〉集釋與初步研究》,聊城大學碩士論文,2023年,第141頁。

② 　何琳儀:《戰國古文字典》,中華書局,2004年,第1067頁。

（《先秦貨幣研究》76頁），“婁弁”，地名，即“樓煩”。① 春秋銅器子陳□之孫鼎（《集成》2285）“子陳□之孫□□□行𪊨”，戰國銅器朕鼎（《集成》2302）“朕所造𪊨鼎”，𪊨、𪊨同字，和綵、䤵、𪊨、鈑音同音近，記錄同一詞，是一類鼎的自名。② 這類簡體下面可以加兩橫（有時省作一橫），也可以不加兩橫。加兩橫是保留羨符“＝”的結果。簡體和繁體（加艸加又加寸）長期共存。簡體能獨立行用。因爲與繁體讀音相同或相近，所以可以與繁體通用。

　　覓字上半所從，既可以作𪊨，也可以作𪊨，作𪊨，作𪊨，作𪊨，作𪊨，其間有明顯的書寫演進的理路，明顯是一個象形字，象某種器物之形。有些有中間豎筆穿透的寫法，如𪊨〔二〇〇：一八(5)〕、𪊨〔二〇〇：七二(2)〕、𪊨〔八五：二(2)〕、𪊨〔八五：三(2)〕。有些爲了助勢對稱，在穿透筆畫旁加短筆，③如𪊨，李家浩先生把侯馬盟書𪊨〔一：七七(2)〕左面所從看作覓字，實際上就是把這類筆畫穿透（有的加飾筆）的寫法，

----

① 𪊨字，黃錫全先生隸作番，讀爲煩。文中轉述了裘錫圭先生的意見，釋爲弁，讀爲煩。我們認爲裘先生的意見是正確的。郭永秉先生最近撰文，釋將軍虎節中的𪊨𪊨和辟大夫虎節中𪊨𪊨爲樓煩，甚是。第二字從糸覓聲，而𪊨是覓的省體。這一釋讀也可以證明裘説的正確。參看黃錫全：《平首尖足布新品數種考述——兼述這類布的種類、分佈與年代》，《先秦貨幣研究》，中華書局，2001年，第68頁；郭永秉：《將軍虎節與辟大夫虎節研究》，《中國國家博物館館刊》2022年第8期，第147—169頁。

② 趙平安：《從語源學的角度看東周時期鼎的一類別名》，《考古》2008年第12期，第66—70頁。

③ 這類做法在古文字中並不鮮見，參看趙平安：《談談與申系字有關的幾個問題》，《中國古典學》第五輯，北京大學出版社，2024年，第465—472頁。

直接看作兜。是兜的一種異體，侯馬盟書中極少見，類似寫法還有[一：三〇(2)]、[一：六四(2)]、[二〇〇：七(3)]、[一：六六(3)]、[一：八二(2)]等。比較可知，的左邊其實連穿透筆畫都算不上，只是另起的一個單獨的飾筆。李先生的分析大概是靠不住的。因爲兜中加人形的寫法並不早，早期也沒有真正寫作人形的。

若結合它的讀音和它在後世的發展演變來看，我們認爲兜字上面部分應該是筟的本字。①

筟字常見於古籍。《儀禮·士昏禮》："婦執笲棗、栗，自門入，升自西階，進拜，奠于席。""祝盥，婦盥于門外。婦執笲菜，祝帥婦以入。""婦降堂，取笲菜入。"鄭玄注："笲，竹器而衣者，其形蓋如今之筥、筤籃矣。"②《儀禮·士昏禮·記》："笲，緇被纁裏，加於橋。舅苔拜，宰徹笲。"鄭玄注："被，表也，笲有衣者。婦見舅姑，以飾爲敬。橋所以庪笲，其制未聞。今文'橋'作'鎬'。"③《儀禮·聘禮》："又入，取幣降，卷幣實于笲，埋于西階東。"鄭玄注："埋幣必盛以器，若藏之然。"④《儀禮·士喪禮》："貝三，實于笲。稻米一豆，實于筐。沐巾一，浴巾二，皆用絺，於笲。櫛，於簞。浴衣，於篋。皆饌于西階下，南上。"鄭玄注："笲，竹器名。"⑤《禮記·昏義》："贊見婦於舅姑，執笲棗、栗、段脩以見。"

①　趙平安：《釋甲骨文中的和》，《文物》2000 年第 8 期，第 61—63 頁。

②　鄭玄注，闕海整理：《儀禮注》，商務印書館，2023 年，第 45 頁。

③　鄭玄注，闕海整理：《儀禮注》，商務印書館，2023 年，第 51 頁。

④　鄭玄注，闕海整理：《儀禮注》，商務印書館，2023 年，第 233 頁。

⑤　鄭玄注，闕海整理：《儀禮注》，商務印書館，2023 年，第 376 頁。

陸德明音義:"筹,器名,以葦若竹爲之,其形如筥,衣之以青繒,以盛棗、栗、股脩之屬。"①《玉篇·竹部》:"筹,竹器。"《廣韻·阮韻》:"筹,竹器,所以盛棗脩。"《集韻·元韻》:"筹,竹器,婦贄棗脩者。"過去對於筹的解釋並不十分明確,但已透露出了幾個重要的信息:

一,字從竹,爲竹器;

二,形制如後世的筥、筌籯;

三,往往衣之以青繒;

四,往往以盛棗、栗、股脩之屬。

這些解釋中以第二點最爲關鍵。我們由此知道它的形制如後世的筥、筌籯。

戰國竹簡中也經常出現筹字:

一少(小)陽②[筹](筹)(長臺關遣册 2.13)

一陽[筹](筹),繩紅(長臺關遣册 2.13)

□室之器:一[筹](筹),兀(其)實:一渙(浣)帕(巾)(長臺關遣册 2.9)

緌[筹](筹)③(望山 M2.35)

---

① 阮元校刻:《十三經注疏·禮記正義》,中華書局,2009 年,第 3649 頁。

② 田河認爲可能讀爲簜,指一種大竹(《出土戰國遣册所記名物分類匯釋》,吉林大學博士論文,2007 年,第 180 頁)。

③ 緌,整理者疑讀爲鞙,羅小華認爲筹是馬頭飾物(《戰國簡册所見車馬及其相關問題研究》,武漢大學博士論文,2011 年,第 76 頁)。車馬及其筹上一字,劉國勝疑讀爲繶(《楚喪葬簡牘集釋》,科學出版社,2011 年,第 105 頁)。

二文（望山 M2.48）

四食（包山 M2.256）

桃脯一（包山 M2.258）

僻脩①一（包山 M2.258）

炙雞一（包山 M2.258）

一脩（包山 M2.258）

一巾，六巾（包山 M2.259）

一（包山 M2.259）

一![]又（包山 M2.264）

巾（包山 M2 簽牌 1）

佩（包山 M2 簽牌 24）

　　以上竹簡中的筧,學者一般釋爲筭。② 除了個別的用法外
（如望山 M2.35 號簡）,其他都用爲筭。

　　在討論包山簡時,袁國華指出,東室 2：43 號竹笥,簽牌記
"巾筭",可能與"一巾筭"有關。③ 劉信芳指出,出土竹笥（2：

---

① 李家浩指出,"僻脩"讀爲"膍脩"（《包山楚簡研究（五篇）》,第二屆國際中
　國古文字學討論會論文,香港中文大學,1993 年）。劉信芳指出,"僻脩"讀
　爲"貔脩"（《包山楚簡解詁》,藝文印書館,2003 年,第 267 頁）。

② 李家浩:《釋"弁"》,《古文字研究》第一輯,中華書局,1979 年,第 391—395
　頁;湖北省荆沙鐵路考古隊:《包山楚簡》,文物出版社,1991 年,第 60 頁;湖
　北省文物考古研究所、北京大學中文系編:《望山楚簡》,中華書局,1995 年,
　第 122—123、126 頁。

③ 袁國華:《包山楚簡研究》,香港中文大學博士論文,1994 年,第 259 頁。

433），内置木梳二件，木箆二件，即簡文所記"四栁，一笲"。① 據《包山楚墓》介紹，2 號墓出竹笥 69 件，遣册記爲笲。器形分爲長方形、方形、圓形三種。長方形笥 53 件（人字紋笥 46 件，空花笥 6 件，菱形紋笥 1 件），方形彩繪笥 15 件，圓形笥 1 件。② 笲是和笥對應的。據此，考古學家一般認爲笲是方形的。這在包山簡裏確實如此。考慮到包山也有圓形笥，而且文獻把笲解釋爲圓形器，包山簡的笲還是看作笥的泛稱爲好。

嚴倉 1 號墓遣册簡 184 有 [字]字，釋爲笲，注釋説："楚墓遣册多記笲，除盛放食物外，還放置洗浴用物等。"③楚墓遣册笲所顯示的用法比從前訓詁學者解釋的要寬。嚴倉 1 號墓遣册簡 178 有"一隋笥"，注釋以爲隋"表示笥的形狀"，④即橢，極是。嚴倉 1 號墓簽牌 2 有"董君之衣一笥"，注釋説："此簽牌記'董君'賵贈的衣及盛衣之笥。"⑤嚴倉 1 號墓盗掘嚴重，簽牌與實物不能一一對應，但遣册有笲，有隋笥，簽牌有笥，隋笥應該包含在笥内。在某種程度上，隋笥也可以叫做笲（圓笥）。嚴倉墓與包山墓地理位置相近，反映的習俗也相近。嚴倉墓笲的用法應當與包山墓相同，也是特指圓形笥，泛稱時指方形笥。

---

① 劉信芳：《包山楚簡解詁》，藝文印書館，2003 年，第 273 頁。
② 湖北省荆沙鐵路考古隊：《包山楚墓》，文物出版社，1991 年，第 150—163 頁。
③ 李天虹主編：《湖北出土楚簡五種（壹）》，文物出版社，2024 年，第 275 頁。
④ 李天虹主編：《湖北出土楚簡五種（壹）》，文物出版社，2024 年，第 274 頁。
⑤ 李天虹主編：《湖北出土楚簡五種（壹）》，文物出版社，2024 年，第 190、309 頁。

《玉篇·匚部》:"匥,又作笲。"《集韻·線韻》:"匥,或從竹。"《説文·竹部》:",飯及衣之器也。从竹司聲。"笥,楚簡或作(望山2.48)。笲與匥的異體關係可以與笥和類比。

《廣雅·釋器》:"匥,笥也。"《類篇·竹部》:"笲,笥也。"這些辭書的訓釋也揭示了笲和笥的密切關係。

《説文·甾部》:",䢸屬,蒲器也,所以盛穜。从甾弁聲。"朱駿聲《説文通訓定聲》:"今字作畚。"《廣韻·混韻》:"畚,同畚。"《左傳·宣公二年》"寘諸畚"杜預注:"畚,以草索爲之,筥屬。"《左傳·襄公九年》"陳畚挶"杜預注:"畚,簣籠。"《公羊傳·宣公六年》:"有人荷畚。"何休注:"畚,草器,若今市所量穀者是也,齊人謂之鍾。"《資治通鑑·唐紀三十八》"各具畚锸"胡三省注:"畚,織竹爲器。"《方言》卷五:"臿,沅湘之間謂之畚。"《廣雅·釋器》:"䢸,畚也。"王念孫疏證:"《三禮圖》引舊圖云:笲,讀如皮弁之弁。畚笲並從弁聲,畚爲筥屬,而笲如筥筌籚,則其命名之意亦同矣。"①畚本後起,結合古人對畚的注疏看,其字形、語音、器形、用途與笲關係密切,畚很可能就是笲(匥)的分化字。

笲有專稱有泛稱,其異體有筧、匥、畚(畚)等寫法,基本形制如下圖:

器體呈圓形,四周鑲邊,有蓋,有提梁。

① 王念孫撰,鍾宇訊點校:《廣雅疏證》,中華書局,1983年,第223頁。

關於笄的形制,現在比較流行的説法是孫機先生提出來的。孫機先生曾對漢代的笄做過專門研究,他説:

如果在篋類器外敷以織物作面,則應名笄。《儀禮·士昏禮》:“笄緇被纁裏。”《禮記·昏義》鄭注:“笄,器名,以葦若竹爲之,其形如筥,衣之以青繒,以盛棗、栗、脯、脩之屬。”可是《儀禮·聘禮》説用它盛幣,《喪禮》説用它盛貝及浴巾。可見,此器的用途亦較廣泛,器形或不盡一致。武威磨嘴子東漢墓中出土的一件葦篋,四周用赭、白兩色錦縫成寬邊,中間綴一幅絹地刺繡,大概就是所謂笄(87—7)。[1]

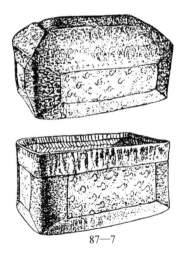

87—7

圖三　笄(摘自《漢代物質文化資料圖説》396 頁)

---

[1] 孫機:《漢代物質文化資料圖説(增訂本)》,上海古籍出版社,2011 年,第397 頁。

其實孫先生用到的材料很有限,他也提到了"此器的用途亦較廣泛,器形或不盡一致",下結論時還用到了"大概"這類字眼,推測的意味很濃。有學者把它看作標準答案來討論先秦的筲,我們認爲是很不妥當的。且不説以今律古,就是鄭玄説筲"其形如笪",孫先生似乎都捨棄了。在我們看來,漢代的筲與先秦時代的筲在器體呈圓形,四周鑲邊,有蓋,有提梁這些核心要素方面應該是基本一致的。

第六章

𢇍應是變的本字

㸣字上從㡀下從又,在東周文字中,比較常見。

李家浩先生在《釋"弁"》一文中,把侯馬盟書中改上一字分成五組。

A 組:

1. 㸣 㸣

2. 㸣 㸣

3. 㸣 㸣

B 組: 㸣 㸣

C 組: 㸣

D 組: 㸣 㸣

E 組: 㸣 㸣

然後分析道:

我們認爲侯馬盟書 C 所從左旁就是"覓",而㡀和
㸣則是"覓"字簡省的寫法。《説文》"覓"字籀文作

，或體作，即"弁"字。我們知道，古文字中作爲偏旁的"廾"可以省作"又"，因此盟書 A 組的寫法應與"弁"字相當。如果我們把 B、D、E 各組中的或看成是、之省，那麼 B、D、E 三組應分別隸定爲：敓、惄、弁。不過我們也可以把和分析成從"又"從"兒"省，採取這種看法，A、B、D、E 四組則應分別隸定爲：叙、敓、愳、兒。①

　　李家浩先生傾向於第一種隸定，並且都讀爲"變"。李先生還把曾侯乙墓編鐘銘文中從音從弁或從音從敚的字也讀爲"變"，看作"變"音的專字，把馬王堆帛書《雜占》"□多爲閉□""□日其必□"的"弁"也讀爲"變"。② 李學勤、裘錫圭先生把戰國筮銘玉璜"上下動，相合和同"中的"弁"也讀爲"變"。③ 這些都是弁讀變的典型案列。現在，我們見到的春秋戰國時期的用例越來越多，可以嘗試分成兩類，全面考察它們的用法。根據我們的理解，爲稱説的方便，我們把類字統一隸定爲"兒"。

① 李家浩：《釋"弁"》，《古文字研究》第一輯，中華書局，1979 年，第 391—395 頁。
② 李家浩：《釋"弁"》，《古文字研究》第一輯，中華書局，1979 年，第 391—395 頁。由裘錫圭先生主編，湖南省博物館、復旦大學出土文獻與古文字研究中心編纂的《長沙馬王堆漢墓簡帛集成》第五册隸作弁，分別從"弁""爲"和"日""其"之間斷開，但仍然讀爲變，參看該册第 95 頁，中華書局，2014 年。
③ 裘錫圭：《戰國文字釋讀二則》，《于省吾教授百年誕辰紀念文集》，吉林大學出版社，1996 年，第 154—158 頁；李學勤：《釋戰國玉璜筮銘》，《于省吾教授百年誕辰紀念文集》，吉林大學出版社，1996 年，第 159—161 頁。

（一）玉石類

　　這類文字以侯馬盟書爲代表。2006 年,山西古籍出版社出版了《侯馬盟書(增訂本)》,[1]張道昇先生在此書基礎上,對侯馬盟書文字進行了全面整理,編成《侯馬盟書文字編》一書,該書所收覚字如下:

表一　覚字字形表

一：二(2)	一：四(1)	一：五(2)	一：七(2)	一：九(1)
一：一〇(1)	一：一一(2)	一：一四(1)	一：一五(2)	一：一六(2)
一：二一(2)	一：二二(3)	一：二四(2)	一：二八(2)	一：三一(2)
一：三二(2)	一：三三(2)	一：三四(2)	一：三五(1)	一：三六(2)
一：三九(2)	一：四〇(2)	一：四九(2)	一：五〇(2)	一：五一(2)
一：五二(2)	一：五三(2)	一：五六(2)	一：五七(3)	一：五八(2)
一：五九(2)	一：六一(2)	一：六二(3)	一：六三(2)	一：六五(2)

① 張頷、陶正剛、張守中:《侯馬盟書(修訂本)》,山西古籍出版社,2006 年。

續　表

一：六七(2)	一：六九(2)	一：七一(2)	一：八〇(2)	一：八一(2)
一：八四(2)	一：八五(2)	一：八七(2)	一：八八(1)	一：九三(2)
一：九四(2)	一：一〇三(3)	一：一〇五(3)	三五：一一(2)	二〇〇：一(3)
二〇〇：二(3)	二〇〇：三(3)	二〇〇：五(3)	二〇〇：六(4)	二〇〇：八(5)
二〇〇：一〇(4)	二〇〇：一一(3)	二〇〇：一二(3)	二〇〇：一三(4)	二〇〇：一五(4)
二〇〇：一六(5)	二〇〇：一七(4)	二〇〇：一八(5)	二〇〇：一九(3)	二〇〇：二〇(4)
二〇〇：二一(4)	二〇〇：二二(3)	二〇〇：二三(3)	二〇〇：二五(4)	二〇〇：二七(3)
二〇〇：二八(3)	二〇〇：二九(7)	二〇〇：三一(4)	二〇〇：三三(4)	二〇〇：三六(3)
二〇〇：三七(2)	二〇〇：三八(2)	二〇〇：三九(3)	二〇〇：四十(3)	二〇〇：四一(2)

一：三四(2)	二〇〇：四八(2)	二〇〇：四九(3)	二〇〇：五〇(3)	二〇〇：五一(2)
二〇〇：五二(3)	二〇〇：五三(3)	二〇〇：五八(4)	二〇〇：六八(4)	二〇〇：六九(4)
二〇〇：七一(5)	二〇〇：七二(2)	三：一(2)	三：二(2)	三：三(2)
三：四(1)	三：五(2)	三：六(2)	三：七(1)	三：八(2)
三：九(2)	三：一二(3)	三：一三(3)	三：一六(1)	三：一七(2)
一六：一(2)	一六：五(3)	一六：六(5)	一六：七(4)	一六：八(3)
一六：九(5)	一六：一一(3)	一六：一二(4)	一六：一三(3)	一六：一五(4)
一六：一六(3)	一六：一七(3)	一六：一八(3)	一六：一九(2)	一六：二〇(3)
一六：二一(4)	一六：二二(4)	一六：二四(4)	一六：二五(4)	一六：二六(4)

續　表

一六：二七(4)	一六：二八(3)	一六：二九(4)	一六：三三(4)	一六：三四(3)
一六：三六(4)	一六：三七(3)	一六：三八(3)	四九：一(3)	五〇：一(2)
七五：六(1)	七七：四(2)	七七：九(2)	七七：一〇(2)	七七：一三(2)
七七：一六(2)	七七：一七(2)	七九：一一(1)	八五：一(2)	八五：二(2)
八五：三(2)	八五：七(2)	八五：八(2)	八五：一〇(2)	八五：一五(2)
八五：一八(2)	八五：一九(2)	八五：二一(2)	八五：二七(2)	八八：一(3)
八八：二(1)	八八：三(2)	八八：八(2)	九二：二(2)	九二：三(1)
九二：四(2)	九二：六(2)	九二：九(2)	九二：一〇(2)	九二：一二(2)
九二：一三(2)	九二：一四(2)	九二：一六(2)	九二：一九(2)	九二：二〇(2)

續　表

九二：二一(2)	九二：二二(2)	九二：二三(2)	九二：二四(2)	九二：二七(2)
九二：三〇(1)	九二：三〇(2)	九二：三三(2)	九二：三五(2)	九二：三九(2)
九二：四〇(2)	九二：四二(2)	九二：四七(2)	九六：四(2)	九八：一(2)
九八：二(2)	九八：四(2)	九八：五(2)	九八：六(2)	九八：一〇(2)
九八：一三(2)	九八：一四(2)	九八：二三(2)	九八：二四(2)	九八：二五(2)
九八：二六(2)	一五三：一(2)	一五四：一(2)	一五六：一(2)	一五六：二(2)
一五六：四(2)	一五六：五(2)	一五六：八(2)	一五六：九(2)	一五六：一〇(2)
一七九：一(2)	一七九：三(2)	一七九：一一(2)	一八一：一(2)	一九四：九(2)
一九四：一〇(2)	一九五：六(2)	一九八：四(2)	一九八：五(2)	一九八：一八(1)

一九八：二一(2)	探八②：一(2)	一九四：一(4)	一九四：三(4)	一九四：四(3)
一九五：一(3)	一九五：三(2)	一九五：七(2)	二〇三：八(2)	一四九：一(2)
一五六：一八(2)	一六：二三(3)	三五：四(2)	一五六：一五(2)	一五六：一六(2)
一五六：一七(2)				

共收 231 例。文例都是"而敢或～改"，都用爲變。① 如果加上文例相同的 B、C 兩組寫法 6 例，共 237 例。②

表二　覍字字形表

一：三〇(2)	一：六四(2)	一：六六(3)	一：七七(2)	一：八二(2)	二〇〇：七(3)

（二）簡帛類

戰國材料以簡帛爲大宗。在已經公開發表的簡帛資料中，

---

① 張道昇：《侯馬盟書文字編》，黃山書社，2017 年，第 300—304 頁。由於該書出版時字形經過壓縮，不夠清晰，本文在引用時，據作者原稿進行了放大處理。

② 張道昇：《侯馬盟書文字編》，黃山書社，2017 年，第 89 頁。

覓也多用爲變：

1. 疾🔤（包山 M2.240）

2. 疾🔤（包山 M2.245）

3. 不🔤（變）不兑（悦）（郭店簡《五行》21）

4. 顏色容貌溫🔤（變）也（郭店簡《五行》32）

5. 其聲🔤（變）則［心從之］（郭店簡《性自命出》32）

6. 其心🔤（變）則其聲亦然（郭店簡《性自命出》33）

7. 其聲🔤（變）則心從之矣（上博簡一《性情論》20）

8. 其心🔤（變）（上博簡一《性情論》20）

9. 若在腹中巧🔤（變）（上博簡四《内禮》7）

10. 不敢以君王之身🔤（變）亂鬼神之常故（上博簡四《東大王泊旱》6）

11. 不以其身🔤（變）贅尹之常故（上博簡四《東大王泊旱》21）

12. 毋🔤（變）事（上博簡五《三德》10）

13. 🔤（變）常易禮（上博簡五《三德》5）

14. 星🔤（變）（上博簡五《競建内之》1）

15. 先國🔤（變）之修（上博簡八《成王既邦》11）

16. 莫不🔤（變）改今分（上博簡八《有皇將起》4）

17. 言不易實🔤（變）名（清華簡一《保訓》6）

18. 毋自縱于逸以遨，不圖難，🔤（變）改常術，而無有紀綱。（清華簡三《芮良夫毖》7）

19. 五寶🔲(變)色(清華簡五《三壽》11)

20. 🔲(變)亂私成(清華簡七《越公其事》62)

21. 其君聽佞而速🔲(變)(清華簡八《邦家之政》7)

22. 🔲(變變)者毋迷(清華簡十一《五紀》51)

23. 三曰固,四曰撫,八曰利,廿曰🔲(變),四曰機,二曰巧,特曰好。(清華簡十一《五紀》88—89)

24. 乃爲長兵短兵,乃爲左營右營,🔲(變)指進退。(清華簡十一《五紀》99)

以上 24 例都用爲變。只有極少數其他用法:

1. 🔲(辯)繒(長臺關 M1.2.71)

2. 辻🔲(弁)啟之驪爲左服(曾侯乙簡 155)

3. 辻🔲(弁)伐之騏爲右服(曾侯乙簡 156)

4. 小🔲(弁)(上博一《孔子詩論》8)

5. 四矢🔲(反)以御亂(上博一《孔子詩論》22)

6. 則🔲(慢)侮之(上博二《從政甲》17)

7. 邦人[大恐,王□]🔲(弁),大夫端,以啟金縢之匱。(清華簡一《金縢》9—10)

8. 用身之🔲(繁)者(郭店簡《性自命出》43)

其他用法只有 8 例。用爲變的近 8 成。

上述玉石文字代表了三晉文字的寫法,簡帛文字代表了楚

系文字的寫法。前者全用爲變，後者近 8 成用爲變，這不應是偶然的現象。目前齊、燕還没有確定的覍字和用爲變的例字，變用何字表示情況不明。秦系文字的變用變表示。《説文·支部》收變字，解釋爲"更也。從支䜌聲"。這種寫法見於戰國以後的秦系文字，如《詛楚文》"✿渝盟約"作從支䜌聲，秦簡多作從又䜌聲。① 秦簡中可以借爲蠻，可以用爲私名，也可以表示變化的意思，如：

　　私好、鄉俗之心不變，自從令、丞以下智（知）而弗舉論，是即明避主之明法殹（也），而養匿邪避（僻）之民。（睡虎地秦簡《語書》5—6）
　　變民習俗。（睡虎地秦簡《爲吏之道》40 叁）
　　門有客，所言者變治事也。（周家臺秦簡 237）
　　夢一臘五變氣，不占。（嶽麓秦簡壹《占夢書》1513）
　　醉飽而夢、雨、變氣不占。（嶽麓秦簡壹《占夢書》1523+1522 正）

　　秦系文字的這種寫法其實也有很早的淵源。《合集》30456（無名）："囗其✿又于小山，又大雨。"裘錫圭先生説：

　　"其"下一字似尚無人考釋。這個字應該是從"宀"

① 徐在國、程燕、張振謙：《戰國文字字形表》，上海古籍出版社，2017 年，第433 頁。

"〔甲骨字形〕"聲的一個形聲字。"〔甲骨字形〕"即"〔甲骨字形〕"(以下隸定爲
"茲")的省寫。卜辭中數見的"不茲"一語(見《合》
22782、24769、26502),有時也寫作"不〔甲骨字形〕"(《合》
24982),可證(參看《甲骨文編》501—504 頁。504 頁所
收的《粹》376 一例即《合》24982)。清代學者多認爲
"茲"跟《説文》收爲"絲"字古文的〔古文字形〕是一個字,可信
(參看拙文《戰國璽印文字考釋三篇》,《古文字研究》
第十輯89—91 頁。我們認爲"茲"是繫聯之"聯"的古
字,"茲"象以手繫聯絲,"茲"亦聲,可能是《説文》訓
"係"的"攣"字的初文,與"絲"本非一字,但音義相通。
"茲"省作"茲",字形仍能表示出以手繫聯絲的意思,只
是從會意兼形聲字變成了純粹的會意字)。所以〔甲骨字形〕應
該釋爲從攴繺聲的"變"字,〔甲骨字形〕應該釋作"變"。

……

"變"與"辯"音近字通。

……

"辯"古通"遍"。①

甲骨文"變"應讀作"遍",意爲"全部、全面"。

　可見變從"絲"聲甲骨文時代就開始了。裘文論證頗爲詳

---

① 裘錫圭:《殷墟甲骨文字考釋(七篇)·釋"遍又于小山"》,《湖北大學學報
(哲學社會科學版)》1990 年第 1 期;《裘錫圭學術文集》第一卷,復旦大學
出版社,2012 年,第 351—352 頁。

盡,還提到了西周金文中的⿱字。此字一般隸做纞,見於散
氏盤:

> 唯王九月,辰在乙卯,吴卑(俾)鮮、且、霥、旅誓曰:
> "我賮(僭)付散氏田,器有爽實,余有散氏心賊(側),
> 則爰千罰千,傳棄之。"鮮、且、霥、旅則誓。乃卑(俾)西
> 宫襘、武父誓曰:"我既付散氏濕田、牆田,余有爽纞,爰
> 千罰千。"西宫襘、武父則誓。(《集成》10176)

郭沫若《兩周金文辭大系考釋》在纞下加小字注爲變。[1] "余有
爽變",文義也是很順暢的。纞應分析爲從宀絲聲,裘文看作甲
骨文變的異體字。這樣看來,變從絲聲,從甲骨文以來是有傳統
的。"變"的意義與變化有關,用攴或又作形符是很合適的。《説
文·攴部》:

> 改,更也。從攴己。
> 變,更也。從攴䜌聲。
> 雪,改也。從攴丙聲。[2]

篆書改、變、更等字都從攴作形符,表示變更、更改、變化的意思。

① 郭沫若:《兩周金文辭大系考釋》,科學出版社,1957 年,上編第 129 頁。
② 許慎撰,徐鉉校定,愚若注音:《注音説文解字》,中華書局,2015 年,第
62 頁。

戰國文字中改字一般從巳聲,既可作 (詛楚文)、(清華簡
五《厚父》8),又可作 (上博簡一《孔子詩論》11);變字,既可作
(詛楚文),又可作 (睡虎地秦簡《爲吏之道》40);更字,既
可作 (《璽彙》371),又可作 (《秦風》214),形符攴、又互
作。① 戀作聲符也很貼切(戀在元部來母,變在元部幫母),郭店
簡《六德》簡19—20:"是古(故)夫死又(有)宔(主),終身不戀
(變)也。"原整理者注中裘錫圭先生按語讀爲變。②

　　我們判斷一個字是否本形本用,主要考察它的用法和構形。
參照秦系文字變的字形和用法來看,戰國時期三晉、楚系的覍看
作變的本字是合適的,可以分析爲從又或從攴,笄聲。

　　值得一提的是,東周時候的覍字已是極常用的字,它不僅單
獨使用,而且常作偏旁。如望山M1.17"善 "、望山M1.36"以
心 "、望山M1.37"以 "、望山M1.38"以聚(驟)"、望山
M1.39"聚(驟)",皆用爲繳。③ 清華簡五《封許之命》簡6"鑣、
",用爲縿。④ 清華簡六《子產》簡17"怠 懈緩",用爲慢。⑤
清華簡十二《三不韋》簡26"乃還 乃節",用爲遍。清華簡八

---

①　徐在國、程燕、張振謙:《戰國文字字形表》,上海古籍出版社,2017年,第
　　433頁。
②　荊門市博物館:《郭店楚墓竹簡》,文物出版社,1998年,第189頁。
③　李家浩:《釋"弁"》,《古文字研究》第一輯,中華書局,1979年,第391—
　　395頁。
④　陳劍:《〈清華簡(五)〉與舊説互證兩則》,復旦大學出土文獻與古文字研究
　　中心網,2015年4月14日。
⑤　石小力:《清華簡第六册字詞補釋》,《華學》第十二輯,中山大學出版社,
　　2017年。

《邦家之政》簡 8"其樂繁而🔲",用爲變。清華簡八《攝命》簡 22
"亦尚🔲逆于朕",讀爲辯。🔲可能是繡的異體,🔲字可能是辯
的本字,🔲可能是變音的變的專字,[1]🔲與甲骨文🔲、金文🔲
屬於異體關係。

　　由上面的論證來看,已知古文字中的變字可以分爲兩系:一
系是秦系,從攴或又,絲聲;一系三晉和楚,從攴或又,笄聲。前
者可以稱爲絲聲系,後者可以稱爲笄聲系。前者可以追溯到甲
骨文,一直下延到隸楷。後者的前端和末端還需要進一步的
討論。

---

① 　陳斯鵬:《清華大學所藏竹書〈邦家之政〉校證》,《中山大學學報(社會科學
　　版)》2019 年第 6 期,第 110 頁。

第七章

🔥在東周秦漢的字形演變

通過排比 🈀 的異體、梳理它們的各種用法，我們可以把 🈀 在東周秦漢時期的字形演變搞清楚。

我們把不加又或寸旁的和加又或寸旁的寫法分開討論，把前者叫做簡式，後者叫做繁式。簡式也有繁簡兩種寫法，就單獨使用的而言，可以作：

侯馬盟書一六：二九（4）

侯馬盟書五〇：一（2）

侯馬盟書一：四〇（2）

侯馬盟書一：八一（2）

《璽彙》1523

趙國尖足小布

作偏旁時，可以作：

侯馬盟書一：三四（2）　　　所從

《步黟堂古陶文集存》1.27　　①所從

---

① 徐在國：《新出古陶文文字編》，安徽大學出版社，2021年，第151頁放在盼字下。

    □ 侯馬盟書一：六二(3)　　　□ 所從

    □ 清華簡十《四告》20　　　　□ 所從

    □ 上博簡一《性情論》20　　　□ 所從

    □ 《璽彙》2233　　　　　　　□ 所從

等形。

簡式中的繁簡兩體，有明顯的書寫演進的理路。從可能性上講，可以從繁到簡：□—□—□，也可以從簡到繁：□—□—□。從簡到繁符合漢字演進的一般規律。□ 的從簡到繁可分爲兩個步驟，一步是在字中加橫畫，這種現象在古文字中有不少：

    □（由鐃，《殷新》35）—□（清華簡三《芮良夫毖》9）

    □（《合集》20333）—□（包山 245）

    □（郭店簡《語叢四》25）—□（郭店簡《性自命出》53）

    □（郭店簡《六德》16）—□（郭店簡《成之聞之》22）

    □（郭店簡《成之聞之》16）—□（郭店簡《六德》31）

    □（頌簋，《集成》4333）—□（《璽彙》2020）

    □（者兒觶，《集成》6479）—□（侯馬盟書八五：一二）

    □（匽侯旨鼎，《集成》2269）—□（夋季良父壺，《集成》9713）

    □（甚諆臧鼎，《集成》2410）—□（晉侯對盨，《新收》626）

另一步是中間豎筆往下拉伸穿透下面橫筆，這種現象也很

普遍：

□（《合集》137 正）—□（《合集》1956）

□（《合集》2000）—□（柞伯簋，《銘圖》5301）

□（邐方鼎，《集成》2709）—□（商尊，《集成》5997）

□（姨作父庚鼎，《集成》2578）—□（王作康季鼎，《集成》2261）

□（戎生編鐘，《文物》1999.9）—□（秦公簋，《集成》4315）

□（善夫克盨，《集成》4465）—□（仲殷夫簋，《集成》3968）

□（令鼎，《集成》2803）—□（中山王譽鼎，《集成》2840）

□（齊史逗鼎，《集成》3740）—□（師酉簋，《集成》4290）

□（即簋，《集成》4250）—□（趞簋，《集成》4266）

□（毛公鼎，《集成》2841）—□（《璽彙》1222）

□（郭店簡《語叢四》8）—□（郭店簡《魯穆公問子思》2）

□（郭店簡《語叢二》1）—□（郭店簡《語叢一》31）

□（《説文》小篆）—□（《珍秦》47）

從繁到簡也有類例可循。如東周時的粵、巢、□，上部所從由繁到簡，就和茜字上部從繁到簡的演進路徑相似：

□（《合集》18842）—□（班簋，《集成》4341）—□（粵孝子壺，《集成》9516）

□（班簋，《集成》4341）—□（望山 1.89）

□（《璽彙》1528）—□（郭店簡《語叢三》9）

類似的還有妻和貴：

█（冉父丁罍,《集成》9811）—█（農卣,《集成》5424）—█

（清華簡四《筮法》35）

█（曾侯乙簡 380）—█（鳥書箴銘帶鉤,《集成》10407）—

█（上博簡五《弟子問》6）

不同的是,妻、貴是先訛變爲█、█,再省變爲█、█。

西周中期金文師酉簋█,與師詢簋█所指相同,█爲簡體,省去下面部分。█相當於█。這説明西周中期█已作█,西周中期繁簡兩體已經並存。到了戰國中晚期,繁簡兩體仍然存在,顯示兩體使用的長期性和複雜性。

考慮到西周中期█簡式中的簡體已作█,春秋晚期侯馬盟書簡式既作█又作█,戰國早期曾侯乙墓編鐘變音專字所從繁體上部只作█（龤,曾侯乙鐘,《集成》328.6A）,戰國中晚期楚簡帛繁體所從多作█（覓,上博簡一《孔子詩論》22）,推測繁簡兩體都是書寫所致,不能簡單判定由繁到簡或由簡到繁,而是西周、春秋、戰國都是繁、簡並行。

這類簡式寫法,無論其中簡體還是繁體,都在書同文時被廢棄了。

繁體也分兩路演變：

一路演變爲覓：

　　　　█　—　█　—　█

　　信陽楚簡2.7　　戰國玉璜箴銘　《説文》卷八

一路演變爲尋：

◆　——　◆

侯馬盟書一：二一　　《説文》卷六

兩路的共同點是，中間豎筆旁的短筆失落。這種情形在侯馬盟書中已經出現，如◆［二〇〇：四九(3)］作◆［九六：四(2)］，◆(郭店簡《語叢三》67)作◆(郭店簡《緇衣》44)也屬此類。

由◆—◆—◆，有三個要點值得注意，一是上面連接的兩個短筆分離，二是中間的曰變成日，三是下面的又變成人。

兩個連接短筆分離可與◆(沈子它簋，《集成》4330)作◆(毛公鼎，《集成》2841)、◆(班簋，《集成》4341)作◆(《篆隸表》406頁)、◆(上博簡八《王居》3)作◆(酓章鎛，《集成》85)等合觀。

曰變成日可與◆(《璽彙》1616)作◆(《璽彙》1614)、◆(《璽彙》3303)作◆(里耶秦簡8–1668)、◆(《貨系》906)作◆(《陶録》5.10.3)、◆(中山王𧊒鼎，《集成》2840)作◆(郭店簡《唐虞之道》8)合觀。

又變成人可與◆(郭店簡《成之聞之》25)作◆(九店簡56.114)、◆(上博簡六《孔子見季桓子》5)作◆(鄂君啟節，《集成》12113)、◆(上博簡二《容成氏》22)作◆(鄂君啟節，《集成》12113)合觀。

把◆釋爲覓，在形體演變上，是非常順暢的。

由◆到◆的演變，主要是上部◆變成◆，下部寸加一點。上半部分的演變應該經歷了一種中間環節，就是先脱掉兩

邊的飾筆，像□［侯馬盟書二〇〇：一八（5）］，上部已脫掉左邊的飾筆。脫掉飾筆以後，上面部分就變成了□。上面部分由□到□的變化可以和□（《璽彙》3544）作□（《陶錄》2.285.4）、□（班簋，《集成》4341）作□（《説文》小篆）、□（《秦印風》56頁）作□（會稽刻石）、□（《新齊》1417）作□（《顧印》62.1）、□（《集釋》205.44）作□（《陶錄》6.13.1）、□（清華簡四《筮法》54）作□（《説文》小篆）等類比。

又下部加一點，單用的如“宜又（有）百萬”（《珍戰》174）又作□，作偏旁的如“蒲阪一釿”反作□（《三晉》137），侯馬盟書卑（俾）作□（三五：七），侯馬盟書□（二〇三：五）或作□（九二：一一）等，類例極多。

□字簡式的寫法，《説文》等字書沒有收錄，書同文時被廢棄了。

□字繁式的兩種寫法，也都是六國文字，按理説也在廢棄之列，但爲了訓釋經典的需要，還是都收錄在《説文》裏了。《説文》中的字頭篆文，也有一部分來源於六國古文字，只是以篆法寫出來，這是大家都熟知的。①

李家浩先生在《釋“弁”》中指出，□應該隸作弁或叟，在侯馬盟書中讀爲變，②我們則認爲□就相當於《説文》中的覍。③

把□釋爲叟是唐蘭先生的説法。他説：

---

① 趙平安：《説文小篆研究（修訂本）》，上海古籍出版社，2022年，第3—9頁。
② 李家浩：《釋“弁”》，《古文字研究》第一輯，中華書局，1979年，第391—395頁。
③ 趙平安：《釋甲骨文中的□和□》，《文物》2000年第8期，第61—63頁。

第二條是"而敢或甹改助及奂,卑(俾)不守二宫者"。甹字《説文》誤作𡙇,"傾覆也,從寸,臼覆之,寸人手也,從巢省。杜林説以爲貶損之貶"。《漢書·司馬相如傳》:"而適足以甹君自損也。"《文選·上林賦》又誤作甹,晉灼注:"甹古貶字。"①

湯餘惠《戰國銘文選》認爲:"盟書此字作 等形,唐蘭釋甹,可從。"②

可惜這一釋讀影響不大,認同度不高。《戰國文字編》③《戰國文字字形表》④《侯馬盟書文字編》⑤《出土戰國文獻字詞集釋》均未立甹字字頭。⑥《戰國文字編》由湯餘惠主編,未收甹字,説明湯先生後來很可能放棄了原來的觀點,轉而接受了李家浩先生的説法。

我們認爲,唐蘭先生的釋讀也是很正確的。侯馬盟書的甹相當於《説文》的甹。

大徐本《説文·巢部》:" ,傾覆也。從寸,臼覆之。寸,人手也。從巢省。杜林説以爲貶損之貶。"⑦

① 唐蘭:《侯馬出土晉國趙嘉之盟載書新釋》,《文物》1972 年第 8 期,第 31—35、58 頁。
② 湯餘惠:《戰國銘文選》,吉林人民出版社,1993 年,第 197 頁。
③ 湯餘惠主編:《戰國文字編(修訂本)》,福建人民出版社,2015 年。
④ 徐在國、程燕、張振謙:《戰國文字字形表》,上海古籍出版社,2017 年。
⑤ 張道昇:《侯馬盟書文字編》,黃山出版社,2017 年。
⑥ 曾憲通、陳偉武主編:《出土戰國文獻字詞集釋》卷六巢、桼間未收此字,中華書局,2018 年。
⑦ 許慎撰,徐鉉校定,愚若注音:《注音版説文解字》,中華書局,2015 年,第 124 頁。

小徐本《説文·巢部》:"⿳，傾覆也。從寸、臼覆之。寸，人手也。從巢省。杜林説:以爲貶損之貶。臣鍇曰:"臼與丨，即巢之省也，巢高則易傾覆也。孫卿曰:'蒙鳩託於葦苕，折而巢覆也。'會意。"①

根據許慎的解釋，𡇒的篆文也許應該從寸作⿳。嚴可均曰:"據説解則篆𦾔當作⿳。"是有道理的。不過即使如此，從古文字的演變規律來看，又往往演變爲寸，⿳也可以看作⿳的前身。

段注《説文解字》:"⿳，傾覆也。《周禮》硩蔟氏，掌覆夭鳥之巢。從寸臼覆之。寸巢猶硩蔟也。寸，人手也。古寸與又通用。臼，今補。從巢省。臼者巢之省。以手施於巢。傾覆之意也。方斂切。七部。按，解云從寸從臼，而各本篆體作叟，誤。今依《玉篇》《廣韻》《集韻》《類篇》更正。杜林説，曰爲貶損之貶。此亦如以構爲桷，以索爲市，以鼂爲朝，以畀爲麒也。巢在上覆之而下，則與貶損義相通。《上林賦》:適足以導君自損。晉灼曰:導古貶字。"②

徐灝曰:"臼象巢形，從又持丨覆之。指事。各本篆體皆同，其下從又而説解云從寸，既曰臼又曰從巢省，皆歧異。蓋此篆隸變爲叟，與俗書老叟無別，故後人改從寸作𡇒，因並改許説耳。《玉篇》《廣韻》作導，去其直畫尤非。許意據《繫傳》云臼與丨即巢之省，則篆文本有直畫明矣。段氏遽改篆作⿳，亦輕率也。杜

① 徐鍇撰，陶生魁點校:《説文解字繫傳》，中華書局，2024 年，第 401 頁。
② 段玉裁:《説文解字注》，上海古籍出版社，1981 年，第 275—276 頁。

林説昌爲貶損之貶者，《文選·上林賦》曰：適足以𡊮君自損也，晉灼曰：𡊮古貶字。是也。𡊮亦隸變之異文。"①

《説文》所録篆文𡊮或𡊮確實是可靠的篆文字形。這個字形直接由𡊮之類的形體演變而來。《古文四聲韻》所收古《尚書》貶作𡊮，《古文異體關係整理與研究》解釋説：

> 此形爲"𡊮"字篆文"𡊮"形之訛。《説文》："𡊮，傾覆也。……杜林説以爲貶損之貶。"可見"𡊮""貶"音近，又《上林賦》："適足以𡊮君自損也。"李善注引晉灼曰："𡊮，古貶字。"是古文亦借爲"貶"。②

李春桃的説法是有説服力的。當然，既知𡊮或𡊮來源於戰國文字，𡊮字也可能來源於𡊮，是𡊮的訛變。

𡊮字，早期傳世文獻用例很少。所見僅有以下幾例：

《逸周書·度邑》："志我共惡，𡊮從殷王紂。"《史記·周本紀》："悉求夫惡，貶从殷王受。"𡊮作貶。③

《文選·上林賦》："此不可以揚名發譽，而適足以𡊮君自損也。"郭注："晉灼曰：'𡊮，古貶字也。'"④

《漢書·司馬相如傳》："此不可以揚名發譽，而適足以𡊮君

---

① 徐灝：《説文解字注箋》，續修四庫全書本，第 631 頁。
② 李春桃：《古文異體關係整理與研究》，中華書局，2016 年，第 376 頁。
③ 司馬遷撰，裴駰集解，司馬貞索隱，張守節正義：《史記》卷四《周本紀》，中華書局，1963 年，第 129 頁。
④ 蕭統編，李善注：《文選》，中華書局，1977 年，卷第八《上林賦》，第 123 頁。

自損也。"師古曰:"𢦏,古貶字。"①

《逸周書·度邑》"志我共惡,𢦏從殷王紂",異文較多,理解分歧較大。② 我們認爲,《度邑》作爲東周文獻,③出現𢦏字,很正常。《史記·周本紀》作貶,是後世轉寫的結果。《索隱》:"言今悉求取夫惡人不知天命不順周家者,咸貶責之,與紂同罪,故曰'貶從殷王受'。"④把𢦏理解爲貶文意也很順暢。

漢賦僻字、古字多,《上林賦》用叟也很好理解。至於《史記》和《漢書》引《上林賦》體現出的差異——《漢書》用𢦏,《史記》用貶,正反映了《漢書》好用古字的特點。

《慧琳一切經音義》卷四十一第十五頁下收有隸定古文𢦏,徐在國《隸定古文疏證》:

> 《説》:"𢦏(曳),傾覆也。從寸臼覆之,寸,人手也,從巢省。杜林説以爲貶損之貶。"段注本𢦏字作𢦏。𢦏與𢦏同。⑤

這類隸定古文的寫法,應是《説文》等字書一路傳流的結果。

① 班固撰,顏師古注:《漢書》卷五十七上《司馬相如傳》第二十七上,中華書局,1964 年,第 2547 頁。
② 黃懷信、張懋鎔、田旭東撰,李學勤審定:《逸周書彙校集注(修訂本)》上冊,上海古籍出版社,2007 年,第 471 頁。
③ 章寧疏證,晁福林審訂:《逸周書疏證》,三秦出版社,2023 年,第 287 頁。
④ 司馬遷撰,裴駰集解,司馬貞索隱,張守節正義:《史記》卷四《周本紀》,中華書局,1963 年,第 130 頁。
⑤ 徐在國:《隸定古文疏證》,安徽大學出版社,2011 年,第 139 頁。

在秦漢以後的篆文中還能找到𢎞的蹤迹。

在漢、魏、晉時代,有一批由中央朝廷頒發給某少數民族統治者的印章,計有二十餘枚,七個品類:

1. 漢△邑長(《秦漢南北朝官印徵存》1260 號,圖一、1)

2. 漢歸義△邑長(同上書 1543 號,圖一、2)

3. 魏率善△邑長(同上書 1500 號,圖一、3)

4. 魏率善△佰長(同上書 1501 號,圖一、4)

5. 晉歸義△王(同上書 1866 號,圖一、5,又 1867—1868 號)

6. 晉歸義△侯(同上書 1869 號,圖一、6,又 1868—1873 號)

7. 晉率善△仟長(同上書 1874 號,圖一、7,又 1875—1883 號)

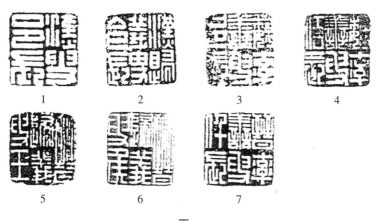

圖一

例中首字是頒印的國名,歸義、率善是封號,邑長、佰長、仟長是官名,侯、王是頭面人物的稱號。用△表示的字是族名,原作

等形。因爲結構與某些隸書叟作 叟(漢末劉衡碑搜字偏旁,《隸辨》2.62)相近,古代又有叟族,一般釋作叟(sǒu)。

　　現在看來,這種釋法是有問題的。

　　在同時期印文中,叟有兩種寫法,一作

之形,"漢叟邑長"(《秦漢南北朝官印徵存》1256,圖二、1,又1257—1259、1261—1262、1544)、"漢叟仟長"(同上書 1263,圖二、2)、"叟陷陣司馬"(同上書 790,圖二、3)指叟族,"虎步叟搏司馬"(同上書 1520—1521)用爲搜捕的搜。

1

2

3

圖二

另一種作

之形,在私印中作偏旁(如《漢印文字徵》3.9 諛、6.5 椳、《漢印文

字徵補遺》7.6 瘦）。還有一種間於兩者之間的,作 （無極山碑,《隸辨》3.70 傁字)、（熹平石經 321 獀字偏旁)之形,可以看作過渡形態。印文中也有一枚作

盛世壹 224

之形者,叟字與無極山碑傁、熹平石經獀所從相似,也是一種中間狀態。

　　前一種和秦漢簡 （睡虎地秦簡《爲吏之道》12)、（《五十二病方》123 搜字偏旁)結構相同,與《説文》結構相似,是比較早出的寫法。後一種在前一種基礎上連筆而成,情形和印文需(《漢印文字徵》8.2 儒、13.4 繻、14.16 孺所從)相類,是漢簡 （居延漢簡 4.6A)、（同上)的來源。可見過去對印文兩種叟的釋讀是可信的,族名多用比較原始的寫法,也和古文字用字習慣相符。

　　漢、魏、晉時期,中央朝廷頒發給少數民族統治者的印章,風格都比較整飭。族名倭奴、滇、越、匈奴、鮮卑、羌、青羌、胡、盧水、屠各、夷、氐、蠻、丁零、烏桓、賨、僰、夫餘、高句驪等,寫法雷同,極少結構上的差異。這是由頒印本身的嚴肅性和重要性決定的。在這種大氣候下,不大可能同一族名會有兩種差別很大的寫法。

　　入印篆文,秦書八體稱"摹印",王莽六書稱"繆篆",是一

種特殊用途的篆文。它的主體來源於小篆,雖受到隸書影響,①
但程度有限。以隸釋篆需作具體分析。叟字隸書雖然可以寫
成劉衡碑叟那樣,但印文叟無論單用還是作偏旁,都與△
有別。

東漢至三國,族名△和叟區別井然,從不相混。東漢既有
"漢叟邑長"(《秦漢南北朝官印徵存》1257,圖二、1)又有"漢△
邑長"(同上書 1260,圖一、1),三國既有"叟陷陣司馬"(同上書
790,圖二、3)又有"魏率善△邑長"(同上書 1500,圖一、3)。持
續的區別表明,△和叟不大可能是一個字。

葉其峰說:

　　漢代的叟族主要有兩支:一支居住在四川南部、雲
南北部的益州郡。《後漢書·光武帝紀》注引《華陽國
志》說:"武帝元封二年(前 112 年)叟夷反,將軍郭昌討
平之,因開爲益州郡。"類似的記載又見於《漢書·武帝
紀》:元封二年,"又遣將軍郭昌、中郎將衛廣發巴蜀兵
平西南夷未服者,以爲益州郡"。《漢書》所說的"西南
夷未服者",參照《華陽國志》記載,顯然也是指叟族。
叟族的另一支居住在川北的武都郡。《華陽國志·漢
中郡》說武都郡有"氐傁,多羌戎之民。其人半秦,多勇

---

① 馬國權:《繆篆研究》,《古文字研究》第五輯,中華書局,1981 年,第 261—
290 頁;趙平安:《秦西漢印的文字學考察》,《康樂集》,中山大學出版社,
2005 年,第 84—91 頁。

巂,出名馬、牛、羊、漆、蜜。有瞿堆百頃,險勢,氐傁常依之爲叛。漢世數征討之"。傁即叟,這裏的叟族與氐族連稱氐傁,應是叟人與氐人雜居的緣故。從它們的出產分析,當是遊牧民族。①

魏晉時代,叟、傁仍見於文獻。《華陽國志·南中志》記載:"章武三年(223 年),越巂叟大帥高定元稱王,恣睢,遣(都督)[斯都耆帥]李承之殺將軍梓潼焦璜,破没郡土。"同書《大同志》:太安元年(302 年)"尚遣叟兵襲驤,破之"。同書《李特雄期壽勢志》:"泰寧元年(323 年),越巂斯叟反","咸和元年(326 年)夏,斯叟破"。這裏的叟或斯叟屬於四川南部、雲南北部的一支。《華陽國志·漢中志》武都郡條:元康八年(298 年)"氐傁齊萬年反,郡罹其寇";永嘉(307—313 年)初,楊茂搜"率種人爲寇",以武都爲據點,"并氐傁如一國";咸康四年(338 年)楊茂搜之侄殺盤、毅兄弟篡位。這些傁是武都一系的傁。值得注意的是,漢以後武都傁發生了新的遷徙。《華陽國志·漢中志》:建安二十四年(219 年),"魏益州刺史天水楊阜治此郡。阜以濱蜀境,移其氐傁於沔雍及天水、略陽"。又陰平郡"土地山險,人民剛勇。多氐傁,有黑、白水羌,紫羌,胡虜風俗、所出與武都略同"。同書《大同志》:元康八年(298 年)"略陽、天水六郡民李特及弟庠、閻式、趙肅、何巨、李遠等,及氐叟、青叟數萬家,以郡土連年軍荒,就穀

①　葉其峰:《我國古代叟族的印章》,《文物》1980 年第 9 期,第 77—81 頁。

如漢川"。《晉書·懷帝紀》："支胡五斗叟、郝索聚眾數千爲亂，屯新豐。"這裏的叟、傁都是武都叟的遷轉或衍化。

四川南部、雲南北部的叟即印文𡨾、𡧈。"漢叟邑長"（《秦漢南北朝官印徵存》1256—1259、1261—1262、1544）、"漢叟仟長"（同上書1263）屬東漢，"叟陷陣司馬"（同上書790）可能是三國遺物。[①]

武都的叟就是印文中的𤕟、𤕥、𤕜，本是篆文𢍰的隸寫，因與叟（sǒu）同形，誤成叟（sǒu），爲了區別益州叟，又加人旁作傁。有意思的是，叟有時也寫作𤕥（魏大饗碑，《隸辨》2.62），這說明隸書𢍰、叟混同程度很深。武都郡治是下辨，漢時稱下辨道，爲少數民族聚居區。

那麼例1—7中的△應釋爲𢍰。其中例1屬於東漢時期。例2與例1風格不同，是蜀漢遺物。《三國志·蜀書·後主傳第三》："（建興）七年（229年）春，亮遣陳式攻武都、陰平，遂克定二郡。"蜀漢攻克二郡後，對臣服的𢍰人賜印。例3—4屬於魏。《三國志·魏書·武帝紀第一》：建安二十二年（217年），"劉備遣張飛、馬超、吳蘭等屯下辨；遣曹洪拒之"。二十三年（218年），"曹洪破吳蘭，斬其將任夔等。三月，張飛、馬超走漢中，陰平氐强端斬吳蘭，傳其首"。此後十餘年間，以下辨爲中心的武都一直在曹魏控制之下。例3—4是曹魏頒發給𢍰人首領的印章。例5—7屬於晉時。

---

① 葉其峰：《我國古代叟族的印章》，《文物》1980年第9期，第77—81頁。

　　叟族印和叀族印的出土地點,似乎也可以從旁提供佐證。截至目前,叟族印有較明確出土地點的有三種。一種是 1936 年雲南昭通灑漁河邊東漢墓出土的"漢叟邑長"銅印,[①]一種是 1983 年四川雅安蘆山縣城附近清源河岸邊發現的"漢叟仟長"銅印,[②]還有一種是出土於西安的"漢叟邑長"印。[③] 這些地點大致可以印證叟族活動的區域。叀族印有明確出土地點的只有一枚"晉率善叀仟長"銅印,[④]收録於《陝西歷代出土璽印續》,依《序言》所説,"本編中未寫出土地點者,均爲西安地區出土"。[⑤] 叀族印不見於四川、雲南等叟族活動的主要區域,僅見於西安,對我們釋叀的結論是有利的。畢竟西安離成縣並不是很遠。

　　這樣看來,叀的字形是傳流有序的。北大漢簡《反淫》簡 25 "觀動静之叀","變"字也是從寸的。

　　從語音上看,叀是談母幫部字,覍是元部並母字,聲母韻部都很近。我們前面已經談到,覍是變的本字。而叀是貶的古字、借字。《玄應音義》卷十八"譏貶"注:"貶,古文叀同。"《慧琳音義》卷四十一"貶黜"注:"貶,古文作叀。"《玉篇·巢部》:"叀,貶

---

①　肖明華:《雲南古代官印集釋》,文物出版社,2015 年,第 16 頁。

②　付良柱、鍾堅:《蘆山縣發現兩方漢代官印》,《四川文物》1984 年第 4 期,第 61 頁。

③　王翰章、王長啟編著:《陝西出土歷代璽印續編》,三秦出版社,1993 年,第 19 頁。

④　王翰章、王長啟編著:《陝西出土歷代璽印續編》,三秦出版社,1993 年,第 24 頁。

⑤　王翰章、王長啟編著:《陝西出土歷代璽印續編》,三秦出版社,1993 年,《序言》第 1 頁。

損也。與貶同。"《廣韻·琰韻》:"导,《説文》:傾覆也。或同上（貶）。"《説文通訓定聲》:"卑,假借爲貶。"《説文句讀》:"卑,《玉篇》《集韻》《韻會》皆作导。"①在古書中,貶通辨、辯。《周禮·秋官·士師》:"若邦凶荒,則以荒辯之法治之。"鄭玄注:"辯當爲貶,聲之誤也。遭饑荒則刑罰、國事有所貶損,作權時法也。"②《禮記·玉藻》:"立容辨卑,毋諂。"鄭注:"辨讀爲貶。自貶卑,謂磬折也。"③變也通辨、辯。《易·革》:"大人虎變。"音訓:"變,晁氏曰:'京作辨。'"《荀子·天論》:"無用之辯,不急之察,棄而不治。"《韓詩外傳》卷二作"無用之變"。因此,尡、导語音關係是非常密切的。

导用爲貶,《説文·貝部》:"貶,損也。從貝,從乏。"④徐鍇曰:"當言從乏乏亦聲。脱誤也。"貶是損減、減少的意思。《左傳·僖公二十一年》:"修城郭,貶食省用,務穡勸分,此其務也。"用的即是這個意思。這個意思是貶的本義。貶低、降級,都是貶的引申義。尡用爲變,《説文·攴部》:"變,更也。從攴,緣聲。"⑤變是改變、變化的意思。《楚辭·離騷》:"雖體解吾猶未變兮,豈余心之可懲?"用的即是本義。損減、減少和改變、變化意義上有密切的聯繫,損減、減少可以看作改變、變化詞義縮小

---

① 宗福邦、陳世鐃、于亭主編:《古音匯纂》,商務印書館,2019 年,第 2139 頁。
② 鄭玄注,石瑊整理:《周禮注》,商務印書館,2023 年,第 399 頁。
③ 武英殿仿相臺岳氏本五經《禮記》,上海古籍出版社,2022 年,第 656 頁。
④ 許慎撰,徐鉉校定,愚若注音:《注音版説文解字》,中華書局,2015 年,第 127 頁。
⑤ 許慎撰,徐鉉校定,愚若注音:《注音版説文解字》,中華書局,2015 年,第 62 頁。

的結果。這樣看來，貶應該是變的詞義引申分化的結果，是從變分化出來的一個詞。戰國以前的古文字資料中迄今未見貶字，也說明貶是晚出的詞。從詞產生的角度看，貶是變的派生詞，從文字角度看，嚠是覍的同源分化字。

　　變和貶的關係，與化和訛相似。訛是由化分化出來的一個詞。它的本義是動或化的意思，《詩經・小雅・無羊》："或寢或訛。"毛傳："訛，動也。"鄭箋："言此者，美其無所驚畏也。"①《詩經・小雅・節南山》："式訛爾心，以蓄萬邦。"鄭箋："訛，化。蓄，養。"②後來引申表示錯誤的意思。如韓愈《石鼓歌》："公從何處得紙本，毫髮盡備無差訛。"表示錯誤的意思。錯誤的意思應該是從動、化引申出來的。訛是從化分化出來的一個詞。《史記・周本紀》："於是古公乃貶戎狄之俗，而營築城郭室屋，而邑別居之。"③這個貶就是當變講的，是嚠轉寫的結果。這種由中性詞詞義縮小、引申爲貶義的例子還有過等。過的本義是經過，《國語・周語中》："秦師將襲鄭，過周北門。"表示經過的意思。引申表示犯錯誤、過錯。《左傳・宣公二年》："過而能改，善莫大焉。"表示犯錯誤的意思。《左傳・宣公二年》："人誰無過。"表示過錯的意思。由變分化出貶，有不少類例可循，是不難理解的。

---

① 武英殿仿相臺岳氏本五經《毛詩》，上海古籍出版社，2022 年，第444 頁。
② 武英殿仿相臺岳氏本五經《毛詩》，上海古籍出版社，2022 年，第455 頁。
③ 司馬遷撰，裴駰集解，司馬貞索隱，張守節正義：《史記》卷四《周本紀》，中華書局，1963 年，第114 頁。

　　《說文》的收字情況非常複雜，有些字頭實際上是異體關係，卻置於不同的部首之下。《說文·攴部》："鼓，擊鼓也。從攴，從壴，壴亦聲。"①《說文·鼓部》："鼓，郭也。春分之音，萬物郭皮甲而出，故謂之鼓。從壴，攴象其手擊之也。《周禮》六鼓：靁鼓八面，靈鼓六面，路鼓四面，鼖鼓、皋鼓、晉鼓皆兩面。凡鼓之屬皆從鼓。鼞，籀文鼓從古聲。"②在商代甲骨文裏，鼓既作▨（《合集》35333）又作▨（《合集》15989），兩周金文既作▨（師嫠簋，《集成》4325）又作▨（呂鱉鐘、《集成》226）。鼓與鼓字形微異，用法無別，本來就是一字異體，《說文》當作兩個字，分別置於攴部和鼓部，作爲兩個字處理。

　　甯、寍、寧也屬於這類情形。《說文·用部》："甯，所願也。從用寧省聲。"③《說文·丂部》："寧，願詞也。從丂寍聲。"④《說文·宀部》："寍，安也。從宀，心在皿上，人之飲食器，所以安人。"⑤這幾個字形體有非常密切的關係，都是從一個母體演變而來。音義關係也非常密切。段玉裁早就指出："此（甯）與丂部寧

① 許慎撰，徐鉉校定，愚若注音：《注音版說文解字》，中華書局，2015 年，第63 頁。
② 許慎撰，徐鉉校定，愚若注音：《注音版說文解字》，中華書局，2015 年，第97 頁。
③ 許慎撰，徐鉉校定，愚若注音：《注音版說文解字》，中華書局，2015 年，第64 頁。
④ 許慎撰，徐鉉校定，愚若注音：《注音版說文解字》，中華書局，2015 年，第96 頁。
⑤ 許慎撰，徐鉉校定，愚若注音：《注音版說文解字》，中華書局，2015 年，第147 頁。

音義皆同。"①兩周金文中宓、寍同用,②甯、宓、寍本爲一字,是爲大量古文字材料所證明的。③《説文》將其置於三部,作爲三個字處理。

　　寽覍的關係,與鼓鼓、甯宓寍相類。屬於大家經常提到的異部重文。

①　段玉裁:《説文解字注》,上海古籍出版社,1981 年,第 167 頁。
②　陳初生編纂:《金文常用字典》,陝西人民出版社,2004 年,第 504 頁。
③　趙平安:《説文小篆研究(修訂本)》,上海古籍出版社,2022 年,第 55 頁。

第八章
𝄢、𝄢是𝄢、鼎的直接來源

甲骨文中的所謂的危，實際上是一個未能確釋的字，出現頻率很高，異體也不少，如果不計正反（朝向），大致可以歸納爲六種：

a. 〔字〕（《合集》8496，賓一）

b. 〔字〕（《合集》6486 正，典賓）、〔字〕（《合集》32026，歷二）、〔字〕（《英》587，典賓）、〔字〕（《合集》8492，賓一）

c. 〔字〕（《合集》6486 正，典賓）、〔字〕（《合集》6530 正，賓一）、〔字〕（《合集》811 正，典賓）、〔字〕（《合集》6504，典賓）

d. 〔字〕（《合集》6530 正，賓一）、〔字〕（《合集》32897，歷二）

e. 〔字〕（《合集》36961，黃類）、〔字〕（《合集》32899，歷二）、〔字〕（《合集》27999，無名）

f. 〔字〕（《合集》8494，賓早大類）、〔字〕（《合集》8500，典賓）、〔字〕（《合集》32 正，典賓）、〔字〕（《合集》10094 正，典賓）、〔字〕（《合集》4197 反，賓早大類）

a 應是較早的寫法，b、c 是它的簡體。b 省掉了兩側下垂的短筆。c 是省掉中間的橫筆。d 是它的變體，是在〔字〕的基礎上，把中間橫筆變成折筆。f 是它的繁體，是在字中加一橫。其中 a、b、c、d、f 是尖底，e 是圜底或平底。尖底與平底、圜底互作很常見。此字多作尖底，較少作圜底、平底，這可能和上面弧筆有關。可能爲了和弧筆相互呼應，所以把下面寫成圜底或尖底。

　　字上的弧筆一般作一筆書寫,但也有作兩筆書寫的。如 ⚲
(《合集》8494,賓早大類)、⚲(《合集》4197 反,賓早大類)。

　　這是我們從所謂危的各種寫法中獲得的字形信息。

　　純粹從字形演變的角度看,甲骨文的所謂危與後世的所謂
見、峰及其簡體是完全銜接的。

　　通過排比 峰 的異體、梳理它們的各種用法,我們可以把 峰 在
東周秦漢時期的字形演變弄清楚。

　　我們把不加"又"或"寸"旁的和加"又"或"寸"旁的分開討
論,把前者叫做簡式,後者叫做繁式。簡式也有繁簡兩種寫法。

　　簡式中的繁簡兩體,有明顯的書寫演進的理路。從可能性
上講,可以從繁到簡: ⚲—⚲—⚲,也可以從簡到繁: ⚲—
⚲—⚲。從簡到繁是漢字演進的一般規律,從繁到簡也有類
例可循。

　　這類簡式寫法,在書同文時被廢棄了。

　　繁體也分兩路演變:

　　一路演變爲見:

信陽楚簡2.7　　戰國玉璜箴銘　　《説文》卷八

　　一路演變爲峰:

侯馬盟書一:二一　　《説文》卷六

　　關於它的具體演變過程,我們前面已經説明了。

　　甲骨文中有一個⿰字①字,于省吾先生最早把它和"户"關聯起來,他説:"甲骨文又有⿰字(《佚》三八〇),象兩手捧⿰形,其象敊器尤爲顯而易見。"②一般把它和⿰看作一個字。如姚孝遂先生説:"字從'危'、從'収',辭殘,其義未詳。有可能爲'危'之繁構。"③其説頗有代表性。這個字用例較少:

　　　　□⿰其隹(唯)庚,我受⿰(有)又(祐),其隹(唯)
　　□(《合集》8501反,典賓)
　　　　□⿰□(《屯》264,無名)

其用法和⿰差異明顯。但字中從⿰,與⿰字形關係密切,過去有學者把它們看作一個字也是有一定道理的。我們認爲這個字應分析爲從廾、從⿰、⿰亦聲,是變的初文。變化的變從収作形符與奐從収作形符相似。奐較早的寫法作⿰(西周晚期,曶叔奐父盨,《銘圖》5655)、⿰(西周晚期,師寏父盤寏字偏旁,《集成》10111),早期多從𠬞,偶從収,後來都改從収。從𠬞可以兼表聲。④構形結合用法看,奐應是換的本字。《説文・収部》:"奐,取奐也。一曰大也。從収,夐省。"⑤奐字上部爲一獨立的單元,

---

① 吳麗婉博士特別提醒我,字上有殘損,甚是。
② 于省吾:《甲骨文字釋林》,中華書局,1979年,第19頁。
③ 于省吾主編:《甲骨文字詁林》,中華書局,1999年,第3311頁。
④ 何琳儀:《戰國古文字典》下册,中華書局,1998年,第982頁。
⑤ 許慎撰,徐鉉校定,愚若注音:《注音版説文解字》,中華書局,2015年,第53頁。

在實際行用中,有時省掉下部収。雖然字上部分構形尚不清楚,但是成一整體作聲符是大致可以肯定的。《手部》:"換,易也。從手奐聲。"①實際應是"從手、從奐、奐亦聲"。參照奐字來看,變字從収也是很合適的。

但卜辭中 ▨ 大概還是用爲名詞,有可能相當於 ▨。

如果我們把甲骨文 ▨ 和 ▨ 置於兒、畢演進序列的前端,就會發現幾乎是無縫銜接:

▨—▨(師詢簋,《集成》4321)—▨—▨—▨

▨—▨—▨—▨

▨—▨(師酉簋,《集成》4288、4289)—▨—▨

在甲骨文中,▨ 字主要有三種用法,第一種用爲"下~":

1. 乙卯卜,㱿貞:王比望乘伐下 ▨,受出(有)又(祐)。

乙卯卜,㱿貞:王勿比望乘伐下 ▨,弗其受又(祐)。(《合集》32 正,賓一)

2. 癸丑卜,亘貞:王惠望乘比伐下 ▨。(《合集》811 正,典賓)

① 許慎撰,徐鉉校定,愚若注音:《注音版說文解字》,中華書局,2015 年,第258 頁。

3. 辛巳卜，賓貞：今早①王比［望］乘伐下▨，受屮
（有）又（祐）。十一月。

　　□□［卜］，賓貞：今早卄正（征）土方。（《合集》
6413，典賓）

4. 辛酉卜，㱿貞：今早王比望乘伐下▨，受屮
（有）又（祐）。

　　辛酉卜，㱿貞：今早王勿比望乘伐下▨，弗其受屮
（有）又（祐）。（《合集》6483 正，典賓）

5. □□［卜］，□貞：今早王叀（惠）下▨伐，受［屮
（有）又（祐）］。（《合集》6427，典賓）

6. 辛酉卜，㱿貞：今早王比望乘伐下▨，受屮
（有）又（祐）。

　　辛酉卜，㱿貞：今早［王］勿比望乘伐下▨，弗其受
屮（有）又（祐）。（《合集》6485 正，典賓）

7. 辛巳卜，爭貞：今早王比望乘伐下▨，受屮（有）
又（祐）。

　　辛巳卜，爭貞：今早王勿比望乘伐下▨，弗其受屮
（有）又（祐）。（《合集》6487，典賓）

8. □□卜，㱿貞：王比望乘伐下▨，受又（祐）。

　　□□［卜，㱿］貞：王勿比望乘伐下▨，不受又（祐）。

---

① 陳劍：《釋造》，《出土文獻與古文字研究》第一輯，復旦大學出版社，2006
年，第 55—100 頁。

（《合集》6498，典賓）

9. ☑作比望乘伐下🔲，下上弗若，不我其受又（祐）。（《合集》6505正，典賓）

10. 貞：王比望乘伐下🔲。（《合集》6507，典賓）

11. 辛丑卜，賓貞：令多𠦄比望乘伐下🔲，受㞢（有）又（祐）。（《合集》6525正，典賓）

12. 丁巳卜，賓貞：燎于王亥十🔲，卯十牛、三南，告其比望乘正（征）下🔲。（《合集》6527正，典賓）

13. ☑正（征）下🔲，受㞢（有）又（祐）。（《合集》6528，典賓）

14. 貞☑比興方伐下🔲。（《合集》6530正，典賓）

15. 己未卜，亘貞：今早王作比望乘伐下🔲，下上若，受我〔又（祐）〕。

貞：今早王勿作比望乘伐下🔲，下上弗若，不我其受又（祐）。（《英》587，典賓）

16. 🔲🔲〔卜〕，賓貞：登人伐下🔲，受㞢（有）又（祐）。一月。（《合集》10094正，典賓）

17. ☑余伐下🔲☑。（《輯佚》附21，師賓）

18. ☑賓貞：今早☑伐下🔲。（《合集》6503，典賓）

19. 貞：今早登下🔲三千，乎盡伐，受㞢（有）又（祐）。（《合集》7311+923正+《英》1404，典賓）

20. 丁丑〔卜，🔲貞〕：王其匄〔下〕🔲，帝畀我〔又（祐）〕。（《合集》14220，典賓）

　　從目前的資料看，"下～"只見於廣義賓類卜辭，它是商王討伐的對象，參與討伐的將領主要是望乘。從例 3 看，貞伐下～時，同時貞"井正土方"，說明它距土方不遠。土方常見於甲骨文：

　　王占曰：有咎，其有來艱。迄至。九日辛卯允有來艱自北，蚁妻妓告曰："土方侵我田十人。"（《合集》6057 反，典賓）

　　癸巳卜，㱿貞：旬亡囚（憂）。王占曰：有咎，其有來艱。迄至。五日丁酉，允有來[艱自]西。沚馘告曰：土方昷（犯）①于我東鄙，[哉]二邑，舌方亦侵我西鄙田。（《合集》6057 正，典賓）

　　[癸□卜，□貞]：旬亡囚（憂）。王占[曰：有咎，其]有來艱。沚馘告曰：土方☒侵我西啚（鄙）[田]。（《契合》152 正，典賓）

　　貞：告土方于上甲。（《合集》6386，典賓）

　　庚申卜，爭貞：王徝②土方。（《合集》6390，典賓）

　　貞：王勿隹（唯）土方正（征）。（《合集》6445 正，典賓）

①　陳劍：《"尋'詞'推'字'"之一例：試説殷墟甲骨文中"犯""圍"兩讀之字》，《中國文字》2020 年冬季號（總第四期），萬卷樓圖書股份有限公司，2020 年，第 71—115 頁。

②　關於徝字，討論極多，最近王子楊撰文認爲，徝就是"直"的繁體，用作軍事動詞組成"直伐"，就是長驅直入地直接攻伐，與深伐結構相同；用作祭祀動詞與習見的"陟"通用；用作占夢辭時，表示"陟"，可能表示登遐義。此釋直接平實，能講通文例，可從。參看王子楊《甲骨文"徝"字評議》，《北大漢語古文字》創刊號，北京大學出版社，2025 年。

“允有來艱自北”，只能説明㠯在殷之北方。“允有來［艱自］西”，只能説明沚在殷之西方。這兩條還不能説明土方在殷之西或北方向。陳夢家、饒宗頤先生把土方和文獻中的“唐杜氏”聯繫起來，我認爲是很正確的。[1]“唐杜氏”見於《國語》《左傳》等書。《左傳·襄公二十四年》：“宣子曰：‘昔匄之祖，自虞以上爲陶唐氏，在夏爲御龍氏，在商爲豕韋氏，在周爲唐、杜氏，晉主夏盟爲范氏，其是之謂乎？”杜預注：“唐、杜，二國名。殷末，豕韋國於唐，周成王滅唐，遷之於杜，爲杜伯。杜伯之子隰叔奔晉。四世及士會，食邑爲范，復爲范氏。杜，今京兆杜縣。”[2]字又作屠。《詩經·大雅·韓奕》：“韓侯出祖，出宿于屠。顯父餞之，清酒百壺。”《詩集傳》：“屠，地名。或曰即杜也。”《毛詩後箋》：“文王、武王塚皆在京兆長安鎬聚東杜中，即此漢之杜陵，在周鎬京之東南，古字屠、杜通，韓侯出宿，得當在此。”[3]《史記·秦本紀》：“（秦武公）十年，伐邽、冀戎，初縣之。十一年，初縣杜、鄭。”公元前688年，秦武公即把邽、冀戎的地盤變成秦國的縣（鄙）之地，其中包括了杜城。[4]《括地志》云：“蓋宣王殺杜伯以後，子孫微弱，附於秦，及春秋後武公滅之爲縣。漢宣帝時修杜之東原爲

① 陳夢家：《殷虚卜辭綜述》，科學出版社，1956年，第272—273頁；饒宗頤：《殷代貞卜人物通考》，香港大學出版社，1959年，第172—173頁。但陳夢家認爲土方在沁陽一帶，饒宗頤認爲土方相當於杜水，在陝西麟遊縣西南，則不可從。

② 左丘明傳，杜預集解，但誠整理：《春秋左氏經傳集解》，商務印書館，2023年，第962頁。

③ 向熹：《詩經詞典》，四川人民出版社，1986年，第465—466頁。

④ 周振鶴：《縣制起源三階段説》，《中國歷史地理論叢》1997年第3期，第23—38頁。

陵,曰杜陵縣,更名此爲下杜城。"①宋代宋敏求撰《長安志》載:
"廟記曰:下杜城,杜伯所築,東有杜原,城在底下,故曰下杜。"②
清朝康熙七年修訂《長安縣志》記載:"下杜城,在城南十五里,春
秋時爲杜伯國,秦爲杜縣,漢宣帝葬杜之東南爲杜陵,更名此爲
下杜城。"③

　　1975 年冬,農民楊東鋒在西安市郊區山門口鄉北沈家橋村
東北約一里處發現一件虎符,上面有"兵甲之符,右在君,左在
杜"字樣,一般稱之爲杜虎符。它的出土地,正好位於秦漢杜縣
城址範圍内。杜虎符是戰國秦時杜城所用的兵符。④ 1962 春季,
在北沈家橋村東南一公里長安韋曲手帕張堡村西出土了紅色夾
砂陶釜一件,内裝一千枚先秦"半兩"錢。釜蓋中間有"杜市"戳
記。⑤ 在此以前,1948 年在户縣秦渡鎮以北長安靈沼鄉管轄的邱
家莊、小豐村出土了記載惠文君四年(前334年),周"天子致文
武之胙"一事的"秦封宗邑瓦書"。上説"取杜在酆邱到于潏水,
以爲右庶長歜宗邑",提到的幾個地名,杜,遺址在今西安市西南
杜城村。酆邱,周文王豐京故墟,轄地相當今西安市西南郊魚化
寨以西到長安縣灃西公社之間,故城在今灃西公社馬王村一帶。

---

① 李泰撰,賀次君輯校:《括地志輯校》卷一雍州長安縣下,中華書局,1980 年。
② 宋敏求撰,畢沅校正:《長安志》,成文出版社有限公司印行,卷十二第八頁,
　　1931 年。
③ 梁禹甸纂修:《長安縣志》,康熙七年(1668 年)刊印,卷八第一頁。
④ 王輝:《秦銅器銘文編年集釋》,三秦出版社,1990 年,第 37—40 頁;晏新志:
　　《"杜虎符"的發現與研究述論》,《文博》2018 年 6 期,第 76—81 頁。
⑤ 陳尊祥:《杜虎符真偽考辨》,《文博》1985 年第 6 期,第 25—29 頁;西安市文
　　物考古所:《西安南郊秦墓》,陝西人民出版社,2004 年。

豐字原只作豐，戰國璽印始見從邑的酆。滈水，關中八川之一。發源秦嶺，流經長安縣南，今下游河道匯洨水如灃河，爲唐以後遷徙的河道。這些地名都在陝西西安市和長安縣一帶。[①]從"杜虎符"出土，到秦錢幣"杜市"的釜記，及歷史書籍和瓦書的記載，證實今日的杜城村確實是西周時的杜伯國，秦漢時的杜縣。

2000 年，陝西省考古所在長安縣調查，在距杜城村不遠的高家堡、羊元坊等多個遺址發現屬於京當型商文化的陶器。有些器物的年代，約相當於殷墟文化早期階段。[②] 下辨（成縣）距離杜城（西安城南）並不太遠。

例 14"比興方伐下🐾"。興方卜辭也比較常見。饒宗頤先生考證"興方"即《説文》之酂，唐代的興州，其地在陝西略陽一帶。[③]《説文·邑部》："酂，地名。從邑，興聲。"段注："鉉無，鍇有。今按《廣韻·蒸韻》《集韻·證韻》皆引《説文》。則有者是也。"[④]金韓道昭撰《五音集韻》："漢置武都郡，魏立東西州。梁爲興州，因武興山而名。"此書雖晚出，但大抵以《廣韻》爲藍本，而增入之字則以《集韻》爲藍本，所言一般皆有所憑據。但説興州因武興山而得名，則是本末倒置。多數學者認爲，先有興州之

① 郭子直：《戰國秦封宗邑瓦書銘文新釋》，《古文字研究》第十四輯，中華書局，1986 年，第 168、192—193 頁。

② 陝西省考古研究所：《2000 年長安、户縣調查簡報》，《考古與文物》2002 年增刊；中國社會科學院考古研究所、陝西省考古研究院、西安市周秦都城遺址保護管理中心：《豐鎬考古八十年·資料篇》，科學出版社，2018 年，第 407—422 頁。

③ 饒宗頤：《卜辭中之危方與興方》，《徐中舒先生百年誕辰紀念文集》，四川聯合大學歷史系編，巴蜀書社，1998 年，第 22—25 頁。

④ 段玉裁：《説文解字注》，上海古籍出版社，1981 年，第 300 頁。

名,然後有武興山之名。《元和郡縣志》卷二十二:"興州,禹貢梁
州之城,戰國爲白馬氏之東境。秦并天下,屬蜀郡。漢武帝元鼎
六年,以白馬氏置武都郡,今州即漢武都郡之沮縣也。晉永嘉
末,氏人楊茂搜自號氏王。"①《通典·州郡》武都郡諸州大都爲
白馬氏故地,其言曰:

　　武州　古白馬氏之國,西戎之別種也。
　　成州　古白馬氏國,二漢屬武都郡。
　　興州　戰國時爲白馬氏之東境。②

　　略陽位於陝西省西南部,處於陝甘川三省交界地帶。東南
與勉縣、寧强縣接壤,西北與甘肅康縣、成縣、徽縣相連。1987
年,考古發現中川河東岸一處七八千年前新石器時代遺址,出土
陶片、石片和刮削石器,見證了略陽先民定居、勞動生息的史
實。③ 清雍正《重修略陽縣志》載,當地人"兼有南北語音,類秦
蜀",④積淀成兼有陝甘川地方特色的民俗風情。2008 年被文化
部命名爲羌族文化生態保護試驗區。
　　下辨與興(郹)臨近,成縣與略陽臨近,且都是少數民族聚居
的地方,大概不會是偶然的現象。

---

① 李吉甫撰,賀次君點校:《元和郡縣圖志》卷二十二,中華書局,1983 年。
② 杜佑撰,王文錦、王永興、劉俊文、徐庭雲、謝方點校:《通典》,中華書局,
　　1982 年。
③ 略陽縣志編纂委員會:《略陽縣志》,陝西人民出版社,1992 年。
④ 范昉纂修:《重修略陽縣志》,清雍正九年(1731 年)。

第二種用法是用爲"～方"：

21. 己酉卜：㱿貞：◨方其虫(有)囚(憂)。

己酉卜：㱿貞：◨方亡其囚(憂)。五月。(《合集》8492,賓一)

22. 乙酉卜,爭貞：彭◨方以牛自圅。一月。(《合集》10084,賓三)

23. 丁未卜,員貞：◨方曾隹新家,今秋王其比。(《合集》28001,何一)

24. □□卜,狄[貞]：◨方髦□曾,于[之若]。(《合集》28088,何二)

25. □用◨方囚于妣庚。王賓。(《合集》28092,無名)

26. 癸未,貞：甲申□◨方□自圅。(《合集》32026,歷二)

27. 丁未,貞：王令卯達①◨方。(《合集》32897,歷二)

28. 庚辰,貞：令乘望達◨方。(《合集》32899,歷二)

29. 癸亥,貞：◨方以牛,其登于來甲申。(《合集》32896+33192,《綴集》88,歷二)

30. □其奠◨方,其祝□至于大乙。于之若。(《屯》3001,無名)

---

① 趙平安：《"達"字兩系説——兼釋甲骨文所謂"途"和齊金文所謂"造"字》,《中國文字》新廿七期,藝文印書館,2001年；又見《新出簡帛與古文字古文獻研究》,商務印書館,2009年,第77—89頁。

31.　⊙方奠于合壇,其祝于☐。兹用。(《合集》
27999,北圖 2565,無名)

32.　☐奠☌方☐。(《屯》3289,歷二)

卜辭中的"～方",在特定的語境下,也可以省稱"方"。如:

☐酉,貞:方以牛,其登自囧。

辛酉,貞:方以牛,其登于來甲申。(《合集》32896+
33192,《綴集》88,歷二)

參照例 29 來看,"方"指"～方"是很明顯的。"～方"時間跨
度很大。它是奠置的對象,①是撻伐的對象。② 商人也用他們首
領的頭顱、用他們的牛來祭祀祖先,也貞問他們會不會帶來災
禍。下～和～方不能互相替代,但它們明顯又有一定的聯繫。例
28 可以看作它們之間聯繫的紐帶。乘望就是望乘,他既征伐
下～,又撻伐～方,可以說明下～和～方同時存在,而且比較鄰近。

例 24 和下列卜辭關係比較密切:

☐⊙伯髦于之及[伐]望☐。(《合集》28091,《安

---

① 裘錫圭:《説殷墟卜辭的"奠"——試論商人處置服屬者的一種方法》,《中研
院歷史語言研究所集刊》第 64 本第 3 分,1993 年。

② 趙平安:《"達"字兩系説——兼釋甲骨文所謂"途"和齊金文所謂"造"字》,
《中國文字》新廿七期,藝文印書館,2001 年;又見《新出簡帛與古文字古文
獻研究》,商務印書館,2009 年,第 77—89 頁。

明》2118, 無名)

　　☐小臣牆比伐, 擒 ⟨符⟩髦①, ☐廿人四、馘千五百七十、𤞤百☐䩗、車二輛、櫓②百八十三、函五十、矢☐用又伯麟于大乙, 用 ⟨符⟩伯印☐于祖乙, 用髦于祖丁, 塱甘京, 易☐。(《合集》36481 正, 黃類)

　　從比較可知, "⟨符⟩方髦" 和 "⟨符⟩伯髦" "⟨符⟩髦" 所指應相同, 都是指 "~方" 的首領(髦很可能是私名)。它的全稱應是 "~方伯髦", "⟨符⟩方髦" 省掉伯, "⟨符⟩伯髦" 省掉方, "⟨符⟩髦" 省掉方和伯。因爲語境比較明確, 省掉部分成分也不影響表意。

　　第三種用法是作地名:

　　33. 庚辰王卜, 才 ⟨符⟩ 貞: 今日步于叉, 無災。(《英》2562 正, 黃類)

　　34. ☐☐[卜], 尹[貞: 王]其田, 無災。才 ⟨符⟩。(《合集》24395, 出二)

　　35. ⟨符⟩化入三。在 ⟨符⟩。(《綴彙》882 反, 賓一)

　　36. ☐⟨符⟩十☐。(《合集》4958 反, 典賓)

---

① 李學勤:《〈古韻通曉〉簡評》,《中國社會科學》1991 年第 3 期, 第 149—151 頁; 劉釗:《"小臣牆刻辭" 新釋——揭示中國歷史上最早的祥瑞記録》,《復旦學報(社會科學版)》2009 年第 1 期, 第 4—11 頁。

② 裘錫圭:《説 "捋函"——兼釋甲骨文 "櫓" 字》,《華學》第一輯, 中山大學出版社, 1995 年, 第 59—62 頁。

　　這種用法既不跟"下"組合又不跟"方"組合,但是明確是作地名的。特別是例 33,是征夷方過程中的一個地點。這個地點離攸不遠:

　　　　己巳王卜,在 ①貞:今日步于攸,無災。在十月又二。(《合集》36825,黄類)

攸即鳴條。此説最早由王襄指出。② 胡厚宣從其説,指出《後漢書・郡國志》載"濟陰郡定陶縣有三鬷亭",三鬷即三朡,由鳴條而伐三朡,鳴條在此附近。③ 唐英傑通過對楚簡及文獻中所記述的"湯伐夏"的記載,指出"鳴條"當如胡厚宣之説,在"濟陰"一帶。其説頗有理致,轉述如下:

　　　　相關文獻所載是同一歷史事件,只是在敍述時選取有所差異,根據上述相關地理位置,我們可以還原這場戰爭的進軍路線。此時夏桀已離開夏都向東尋找援軍,商軍由南向北追擊,在"莘之墟"(山東曹縣

---

① 關於 字,目前釋讀有兩種意見,一種把它和嬴看作一字,一種把它和所謂 疒 看作一字,我們暫從後一種意見。王子楊教授提示我考慮此字釋讀的多種可能性,甚爲感謝。本文目前的選擇主要是考慮到左上有較大的折筆,右邊的弧筆沒有穿透中間的豎筆,中間的豎筆下端有較長的折筆。這些特徵跟所謂 疒 更爲接近。

② 王襄:《簠室殷契徵文考釋・地望》,天津博物院影印本,1925 年。

③ 胡厚宣:《殷代封建制度考》,《甲骨學商史論叢初集》(上),大通書局有限公司,1972 年;《卜辭所見之殷代農業》,《甲骨學商史論叢二集》(上),大通書局有限公司,1973 年,第 115 頁。

北)遭到桀、章、顧等的阻擊,得勝後繼續向北,"升自
戎遂"(山東菏澤市西南)征伐昆吾(河南濮陽一帶),
桀向南敗退"帚山氏"(山東菏澤市東);商軍繼續追
擊,"降自鳴攸之遂",進而進攻帚山氏的高神之門;桀
又敗退三朡(定陶縣北),商軍繼續追擊,戰于"郕"(山
東菏澤東北),此戰之後,桀或繼續逃亡南巢,或被俘流
放南巢。此次戰爭的中心區域就在"帚山氏—鳴條之
野—郕(三朡)"之間,鳴條之戰應是此次戰爭中最重要
的一戰,故文獻都有記載。據此路線,鳴條當在今山東
菏澤市附近。

　　"鳴條"所在的菏澤地區,與上述周東土的"有攸"
和商代的"攸"位置吻合,故今菏澤一帶在商代很有可
能就是攸國的範圍,"鳴條"就是這一地名的遺留。[1]

《中國歷史地圖集》將商代的"鳴條"標注在封丘至定陶之間,與
唐英傑之説相去不遠。從地理位置上看,此處距 █ 地也很近,
將攸置於此區域內,也是十分合理的。[2]

　　█ 至鳴條,一日可達,相距一定不會太遠。

　　還有個別,如《合集》27627(歷無大類)"于 █ 日迺蚊兄辛歲,
叀牝",陳劍先生以爲這大概是所謂"～"字在卜辭中唯一的非作

---

[1]　唐英傑:《商代甲骨文地名統計與地望研究》,西南大學博士論文,2021 年,
　　第 147 頁。
[2]　馬盼盼:《殷墟甲骨文所見地名的整理與研究》,吉林大學博士論文,2022
　　年,第 541—542 頁。

專名而有實在意義之用例。①

　　甲骨文中有"下～""～方"兩種組合,可循音讀爲辨或辯,"下～"當即下辯(辯覓上古聲韻相同)或"下辨","～方"就是"辯方"或"辨方"。在張家山漢簡《二年律令》中,同時出現了"下辨"和"辨道",后曉榮先生考釋説:

　　下辨:

　　秦封泥有"下辨丞印";西漢初年的張家山漢簡《秩律》有"下辨",其上屬郡隴西郡。《史記·曹相國世家》:"從還定三秦,初攻下辨、故道、雍、斄。"《讀史方輿紀要》:"同谷廢縣即今成縣治,秦下辨邑也。漢初,曹參攻下辨,即此。"《清一統志》277 卷:"故城在(階州)成縣西三十里,秦置。"其治在今甘肅成縣西北。

　　辨道:

　　西漢初年的張家山漢簡《秩律》有"辨道"。辨道不見文獻記載,但有下辨道。《漢書·地理志》武都郡有下辨道,"莽曰楊德"。故周振鶴曰:"但有下辨道,則必有辨道或上辨道也",可從。即文獻中"下辨道"是相對失載的古"辨道"而言,具體地望無考。武都郡爲漢武帝元鼎六年置,估計秦至西漢初年辨道屬隴西郡。②

---

① 徐寶貴:《甲骨文"犁"字及相關問題研究》,復旦大學出土文獻與古文字研究中心網,2010 年 4 月 8 日。

② 后曉榮:《秦隴西郡置縣考》,復旦大學出土文獻與古文字研究中心網,2008 年 4 月 25 日。

　　下辨的隸屬關係明顯經歷了由隴西郡到武都郡的變遷。在《二年律令》中，"下辨"和"辨道"是同一郡下兩個既有密切關係又不相同的縣。由這點看，甲骨文的"下～""～方"也是應該理解爲兩個方國爲好。過去有學者把它們看作兩個方國是很正確的。①

　　甲骨文"下～"和"～方"的關係，可與"下辨"和"辨道"類比。辨方應該在是下辨附近，是臨近的方國。根據學者的研究，地名中"下"的語義用法可分爲五類：1. 表示低於某個參考點海拔高度（的附近區域）；2. 泛指以某參考線、參考點爲基準的附近區域；3. 表示次序、命名時間在後；4. 表示在某河流下游；5. 表示地位或重要性相對低。② 比較而言，第二個語義特徵比較適合於"下辨"和"辨方"的關係。如果多做一點推測的話，辨方可能是從下辨分出來的，可能是通過征服、奠置的結果。這兩個方國的地名，也就一直傳承下來。

　　黃類征夷方卜辭中的～，應讀爲卞（弁㕙通用，卞是弁的異體），爲古縣名，《漢書·地理志》屬魯國，故治在今山東泗水東部。泗水地處山東南部，正是征夷方所經之地。考慮到卞在水邊，我們把例 35、36 中的～和征夷方路線上的～統一起來，把水

① 趙誠：《甲骨文簡明詞典》，商務印書館，1988 年，第 144 頁；鍾柏生：《殷商卜辭地理論叢》，藝文印書館，1989 年，第 219—221 頁；李雪山：《商代分封制度研究》，中國社會科學出版社，2004 年，第 193—194、197—199 頁；孫亞冰、林歡：《商代地理與方國》，中國社會科學出版社，2010 年，第 365—367、396—400 頁。

② 蔣彥廷：《漢語地名中"上"與"下"語義功能研究》，《文化學刊》2017 年第 11 期，第 183—189 頁。

邊的～看作龜甲貢納之地,也是很合適的。

　　"于⿰日迺蚑①兄辛歲,更牝"中的⿰,由於是孤例,很難做出理想的釋讀。不過有一點是肯定的,它是作爲于字結構的組成部分。比較直接的處理方式是讀爲變,變跟常相對。在甲骨文裏,⿰可以假借爲變,⿰可以假借爲⿰。也可以把⿰理解爲地名,"于⿰"修飾"日"。無論怎麼理解,"于⿰日"都是"時間介詞結構"。沈培曾指出:"我們認爲,漢語介詞結構的語序本來可能都是以後置爲常的。時間介詞結構的語序最早發生變化,在殷墟甲骨卜辭中,已經變爲以前置爲常。"②上述理解是合乎商代漢語語法的。

　　前面提到商代金文所謂危和甲骨文所謂危是同一個字,甲骨文所謂危既爲覍字,金文自然也應釋爲覍。商代金文所謂危字資料目前所見主要有兩批,一批是危耳銅器群,包括危耳尊(《集成》5558)、危耳卣(蓋器同銘,《集成》4867),作圖一之形,屬於殷墟二期。危耳尊原藏清宮南庫,現藏臺北"故宮博物院"。危耳卣原藏清宮,後歸吳大澂,現藏上海博物館。銘文風格相似,早期收藏地點相同,很可能是同一批製作,同時出土。另一批是馬危銅器群,爲同一墓中出土,多達數十件,形態比較豐富,馬作下表之形。

---

① 陳劍:《試説甲骨文的"殺"字》,《古文字研究》第二十九輯,中華書局,2012年,第9—19頁。
② 沈培:《殷墟甲骨卜辭語序研究》,文津出版社,1992年,第158頁。

圖一　銅器銘文中的"危耳"字形

表一　馬字字形表

字體＼字形	a	b	c	d	e	f
A				—	—	—
B						

危字形如下。

表二　危字字形表

字體＼字形	a	b	c	d	e	f
A						
B						

屬於殷墟四期。所謂馬危，又作危馬，有時候甚至近似左右排列。典型例子如下：

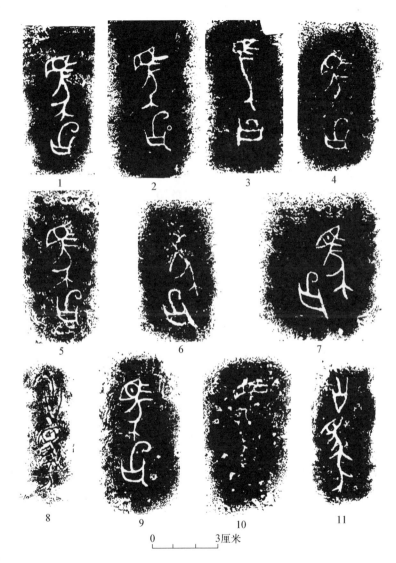

1　　2　　3　　4

5　　6　　7

8　　9　　10　　11

0　　　　3厘米

圖三　銅器銘文中的"危馬"與"馬危"字形(摘自《殷墟大司空
M303 發掘報告》,《考古學報》2008 年第 3 期,第 363 頁)

1. 方鼎(M303:114)　2. 方鼎(M303:115)　3. 圓鼎(M303:116)　4. 分襠鼎(M303:
104)　5. 分襠鼎(M303:82)　6. 扁足鼎(M303:100)　7. 扁足鼎(M303:112)　8. 觚
(M303:110)　9. 簋(M303:79)　10. 甗(M303:57)　11. 觚(M303:111)

這兩處覔字的性質，特別是馬危的性質，目前爭議很大，有墓主個人標徽（私名）、①官名加私名、②複合族名幾種意見。複合族名説參照前輩學者的意見，提出了多種可能性。第一種可能性，馬危即馬方之危。第二種可能性，馬危即馬方與危方的簡化合體。第三種可能性，馬危即以馬爲圖騰的危方部落。③ 我們認爲如果放在殷商文化的大環境下觀察，兩處看作平行合并的複合族名可能性較大，即馬危是馬方和危方的合體。這樣比較好理解馬危又作危馬，甚至左右並置的靈活組合關係。危是商代金文中常見的族名，④甲骨文下危見於賓類，危方見於賓類、歷類、何類、無名類。耳是商代金文常見的族名，甲骨文中亦爲方國名，⑤複合族名有耳竹等，⑥危耳與耳竹類似。⑦ 馬是商代金文中常見的族名，⑧甲骨文馬方見於𠂤類、賓類。把馬危理解爲平行

① 風儀誠：《安陽商代墓葬中的"族徽"》，《古文字研究》第二十九輯，中華書局，2012 年。

② 雒有倉：《商周家族墓地出土族徽銅器與所見族氏結構》，《中國國家博物館館刊》2013 年第 4 期。

③ 整理報告對複合關係提出了多種可能性，即馬方之危，馬方與危方的簡化合體，以馬爲圖騰的危方部落。後來似乎不糾結於來源，只稱馬危族。參看中國社會科學院考古研究所安陽工作隊：《殷墟大司空 M303 發掘報告》，《考古學報》2008 年第 3 期，第 387—388 頁；中國社會科學院考古研究所：《安陽大司空——2004 年發掘報告》，文物出版社，2014 年，第 59、446、502 頁。

④ 畢秀潔：《商代金文全編》卷九下，作家出版社，2012 年，第 457—462 頁；嚴志斌：《商金文編》，中國社會科學出版社，2016 年，第 219 頁。

⑤ 徐中舒主編：《甲骨文字典》，四川辭書出版社，2006 年，第 1286 頁；嚴志斌：《商金文編》，中國社會科學出版社，2016 年，第 253—254 頁。

⑥ 畢秀潔：《商代金文全編》卷十二上，作家出版社，2012 年，第 530—532 頁。

⑦ 畢秀潔：《商代金文全編》卷五上，作家出版社，2012 年，第 301—303 頁。

⑧ 畢秀潔：《商代金文全編》卷十上，作家出版社，2012 年，第 477—483 頁；嚴志斌：《商金文編》，中國社會科學出版社，2016 年，第 225 頁。

合并的複合族名最爲直接。與馬有關的複合族名還有何馬。[①]
商代是民族大融合的時期,由於戰爭、貿易、奠置、婚姻等各種各
樣的原因,加速了民族融合的進程。馬危、危耳很可能就是奠置
的結果。

由上看來,在殷墟第二期和第四期,兒族曾和馬族、耳族融
合,産生了新的複合氏族,這是很值得矚目的現象。

當然,無論是與馬族還是與耳族的融合,都只是兒族的一部
分,而非全部,這也是必須特別説明的。

---

① 畢秀潔:《商代金文全編》卷十上,作家出版社,2012 年,第 477—483 頁。

結　　語

在商代，在今甘肅成縣一帶，有一個"下覒"，有一個"覒方"。這兩個方國有非常密切的聯繫，應是同一個方國一分爲二的結果，它們原本是同一個國族。

西周的時候，周人稱它覒狐（胡），或覒狐（胡）夷，曾利用它爲王朝服務。

秦代和漢初，在覒族的活動區域建立了下覒（辨）道和覒（辨）道。因爲書同文的緣故，作爲地名的"下覒道"換成了"下辨道"或"下辯道"，"覒道"換成了"辨道"或"辯道"。

在東漢魏晉時代，覒族有印章傳世，寫作𦥔。𦥔即㚙字，覒的異體分化字。由於字形與叟極近，隸變後寫成叟。漢以後文獻中所記活動於武都郡一帶的叟，實際上就是商周以來的覒。作爲國族名，覒字一直保留了較爲古老的寫法，即便經歷了書同文仍然如此。

這個部族綿延時間很長，最終融入、淹没在叟族裏。

後　記

　　這本小書是我通過對有限史料的文字考釋、語言解讀探索早期方國的一個嘗試。從最初的偶然所得，到後來的資料越積越多，系聯越來越廣，指向越來越明，前後凡 20 餘年。其中，有些階段性的成果已先後在相關期刊雜誌上發表。

　　猶記得有關的第一篇文章《釋甲骨文中的 和 》（《文物》2000 年第 8 期）完成時，李學勤先生推薦發表的情形。文章剛見刊，又適逢裘錫圭先生到社科院歷史研究所演講，裘先生還特別提到這篇小文。兩位先生的重視，給了我很大的信心。

　　古文字中的疑難字，釋讀起來洵非易事。有一次和歷史所的前輩學者余太山先生聊起考據，他說"考據就是追求最大的可能性"，我很認同這一觀點。這樣看待考據，才可以冷靜地從事考據，才可以平靜地對待考據。本書所做的工作，就是秉持這樣的考據理念。

　　小書雖小，涉及的史料、問題卻不少。部分內容，也曾在中國歷史研究院、故宮博物院、復旦大學和華東師範大學講演或報

告,有幸得到現場專家學者的指教。爲避免疏漏謬誤,交付出版社前夕,又請清華大學王子楊教授、石小力副教授,浙江大學王挺斌特聘研究員,暨南大學吳麗婉副教授等位審看了部分章節,提出了很好的意見。河北大學李聰副教授還爲小書配備了圖版。這些都是要特別表示感謝的。

　　我還要感謝毛承慈副編審精審的編輯工作。

　　希望小書出版以後,能得到更多專家學者的賜教。更希望考古工作者在下辨、辨方的故地——今甘肅成縣一帶,展開調查、發掘,尋找更多的商周遺迹。

趙平安

2025 年 4 月 20 日

圖書在版編目（CIP）數據

尋找失落的古國：甲骨文下兒、兒方及其衍變／趙平安著. -- 上海：上海古籍出版社，2025.6.

ISBN 978-7-5732-1485-0

Ⅰ. K877.14；K207

中國國家版本館 CIP 數據核字第 2024S99M04 號

尋找失落的古國

甲骨文下兒、兒方及其衍變

趙平安　著

上海古籍出版社出版發行

（上海市閔行區號景路 159 弄 1-5 號 A 座 5F　郵政編碼 201101）

（1）網址：www.guji.com.cn

（2）E-mail：guji1@guji.com.cn

（3）易文網網址：www.ewen.co

蘇州市越洋印刷有限公司印刷

開本 890×1240　1/32　印張 5.625　插頁 24

2025 年 6 月第 1 版　2025 年 6 月第 1 次印刷

印數：1—2,100

ISBN 978-7-5732-1485-0

K·3791　定價：68.00 元

如有質量問題,請與承印公司聯繫